KB200147

빈 무덤 사건

사복음서에서 새롭게 발견한 예수의 부활

빈 무덤 사건

지은이 | 권해생
초판 발행 | 2022. 9. 21
2쇄 발행 | 2023. 6. 12
등록번호 | 제1988-000080호
등록된 곳 | 서울특별시 용산구 서빙고로 65길 38
발행처 | 사단법인 두란노서원
영업부 | 2078-3352 FAX | 080-749-3705
출판부 | 2078-3331

책값은 뒤표지에 있습니다.
ISBN 978-89-531-4328-9 03230

독자의 의견을 기다립니다.
tpress@duranno.com www.duranno.com

두란노서원은 바울 사도가 3차 전도여행 때 에베소에서 성령 받은 제자들을 따로 세워 하나님의
말씀으로 양육하던 장소입니다. 사도행전 19장 8-20절의 정신에 따라 첫째 목회자를 돕는 사역
과 평신도를 훈련시키는 사역, 둘째 세계선교(TIM)와 문서선교(단행본·잡지) 사역, 셋째 예수문화 및 경
배와 찬양 사역, 그리고 가정·상담 사역 등을 감당하고 있습니다. 1980년 12월 22일에 창립된 두
란노서원은 주님 오실 때까지 이 사역들을 계속할 것입니다.

빈 무덤 사건

사복음서에서
새롭게 발견한
예수의 부활

권해생 지음

두란노

목차

한국 교회에 절실한 것은 부활이다. 영적 생명이 죽어 가는 교회와 신자의 부활이다. 그러기 위해 무엇보다 부활 신앙이 부활해야 한다. 1년에 한 번 맞이하는 부활절에만 갇혀 있는 부활 신앙이 주일마다 부활하신 주님을 만나며, 매일 그분을 모시고 부활의 생명을 누리는 신앙으로 거듭나야 한다. 저자는 십자가에 이어 부활을 새롭게 이해할 수 있는 지평을 열어 준다. 부활에 관한 많은 책과는 달리 빈 무덤에 초점을 맞추어 그 신학적인 의미를 탐구함이 이 책의 특유한 점이다. 사복음서의 서로 다른 신학적인 주제와 문맥 속에서 빈 무덤이 증거하는 메시지가 무엇이며, 오늘날 신자에게 그것이 어떻게 적용될 수 있는지를 친절하게 짚어 준다. 그래서 우리의 슬픔을 기쁨으로, 두려움을 평강으로, 의심을 확신으로 바꾸어 주는 새 창조의 주님을 주목하게 한다.

박영돈 작은목자들교회 담임 목사, 고려신학대학원 명예 교수 예수님 십자가의 깊은 의미로 우리를 안내했던 전작 《십자가 새롭게 읽기》에 이어, 이번에 저자는 예수님 부활의 현장으로 우리를 이끌어 갑니다. 저자와 우리가 도달하게 될 곳은 복음서에 나타난 대로 예수님의 '빈 무덤'입니다. 그곳에서 저자는 신구약 성경 전체의 흐름들을 엮어 내어, 빈 무덤에 담긴 부활의 메시지를 선명하게 드러내 보입니다. 저자의 친절한 안내를 따라 가다 보면 우리는 부활의 첫 목격자들만큼이나 하나님의 경이로우심에 사로잡히게 될 것입니다.

부활에 관한 많은 책이 있지만, 예수님의 빈 무덤에 시선을 고정시킨 책은 결코 흔하지 않습니다. 게다가 저자는 부활 사건을 각 복음서의 주제들과 연결시켜 한층 더 풍성한 의미를 드러내고자 했습니다. 특히 빈 무덤과 '갈릴리'를 함께 조망하는 저자의 통찰은 복음서를 바라보는 새로운 눈을 열어 준다고 해도 과언이 아닙니다. 그렇기에 복음서와 부활을 새로운 시각으로 설교하기를 원하는 목회자들과 더 깊은 말씀 공부를 사모하는 성도들에게 이 책이 놀라운 선물이 되리라 확신합니다.

송태근 **삼일교회 담임 목사**

《십자가 새롭게 읽기》를 통해 십자가상의 일곱 말씀을 중심으로 십자가와 그 의미를 잘 드러내 주었던 권해생 교수님이 이번에 부활에 대한 책을 집필해 한국 그리스도인들이 십자가와 부활의 빛에서 매일의 삶을 살아가도록 함에 감사드리며, 이 책의 강점을 몇 가지로 소개해 보려 합니다.

첫째, 이 책은 부활의 사실성과 역사성을 분명히 하고 있습니다. 예수님께서 묻히셨던 무덤이 비었다는 사복음서에 나타난 빈 무덤에 대한 기록을 중심으로 예수님께서 실제로 부활하셨음을 분명히 하면서 그 의미를 성경에 근거해 이끌어 내고 있습니다. 대개는 빈 무덤과 부활하신 그리스도의 현현을 중심으로 부활을 논의합니다. 이 책은 표면적으로는 빈 무덤을 중심으로 말하지만, 부활하신 그리스도의 현현도 다루고 있습니다.

둘째, 사복음서 전체를 잘 다루고 있는 점이 또 하나의 큰 장점입니다. 각 복음서가 빈 무덤을 어떻게 다루고 있는지와 함께, 결국 이 모든 것의 종합으로 빈 무덤을 어떻게 이해해야 하는지를 잘 드러내고 있습니다. 대개 복음서를 연구하는 이들은 복음서 한 권을 중심으로 각 기자의 견해에 대해 다루려는 경향이 있는데, 저자는 사복음서 모두를 잘 아울러 참으로 성경 전체(Tota Scriptura)의 빛에서 부활 문제를 다루고 있습니다.

셋째, 각 복음서에서 갈릴리가 과연 어떤 의미로 나오는지를 비교하는 시도도 매우 흥미로운 부분입니다. '다시 시작하는 곳으로서의 갈릴리'(마가복음), '말씀의 장소로서의 갈릴리'(누가복음) 그리고 '이방의 장소로서의 갈릴리'(마태복음)를 각기 생각해 보는 것은 독자들의 큰 호기심과 재미를 유발하게 될 것입니다. 이렇게 각각의 강조점을 생각한 후에는 물론 결과적으로 조화의 길로 나가야만 합니다.

넷째, 성경과 초대 교회와 같이 저자도 이전 책과의 연관성 가운데서 십자가와 부활을 모두 강조하는 점입니다. 이것은 아무리 강조해도 지나치지 않습니다. 흔히 동방교회는 부활을 강조하고 서방교회는 십자가를 강조한다고 하는데, 이 모든 것은 오해이고, 또한 오해를 낳게 하는 말입니다. 모든 진정한 교회는 성경과 초대 교회를 따라서 십자가와 부활을 모두 강조합니다. 신약 교회는 십자가와 부활의 빛 아래 있는 교회입니다.

다섯째, 저는 이것이 이 책의 가장 중요한 강점이라고 생각하는데, 저자는 "부활하신 주님이 나에게 충만히 임하셔서 부활 소망으로 가득한 인생을 사는 것이다"라고 합니다. 부활의 역사성을 강조하면서 부활하신 그리스도께서 우리 안에 사신다는 것을 강조하지 않으면 사실 그리스도를 다시 죽이는 것이 됩니다. 그러나 이 책은 부활하신 그리스도께서 우리 안에 살아 계신다는 것과 그리스도로 충만한 일상을 살 것을 강조합니다.

부활의 그리스도께서 우리 안에 계심을 분명히 하면서 권해생 교수님과 함께 이 탐구를 같이해 보기를 바라며, 이 귀한 책을 한국 교회 성도들에게 추천하는 바입니다.

이승구 합동신학대학원대학교 조직신학 교수

바울 사도는, 부활이 없으면 '우리의 믿음도 헛것'(고전 15:14)이라고 말했다. 그만큼 부활은 우리 신앙의 기초다. 그동안 부활의 사실성을 입증하는 데 관심이 집중되었지만, 그와 함께 관심을 가져야 하는 것은 부활 사건의 의미다. 의미는 언제나 맥락이 결정한다. 부활 사건이 네 권의 복음서에 기록되어 있는데, 그 맥락이 다 다르다. 네 복음서의 맥락에서 드러난 부활의 의미 또한 다른 결을 가지고 있다. 이렇게 드러난 부활의 의미를 새롭게 보게 한 것, 이것이 이 책이 독자에게 주는 큰 기여다. 여기서 그치지 않는다. 네 복음서의 고유한 맥락에서 발견된 부활의 새로운 의미를 다시 결합하여 부활 사건을 입체적 사건으로 보게 해 준다. 이것이 이 책이 이룬 가장 큰 성과다. 이 책은 부활을 새롭게, 입체적으로 다시 보게 해 준다.

정현구 서울영동교회 담임 목사

왜 부활인가? 왜 빈 무덤인가?

왜 부활인가?

십자가에 대해서는 많은 이들이 주목한다. 십자가에 대한
책도 많고, 설교나 강의도 많다.* 십자가는 자주 우리의 찬송
제목이고, 기념 제목이다. 특히 해마다 봄이 되면 고난 주간을
기념하며 온 교회가 십자가를 집중적으로 묵상한다. 그러나 부
활을 기념하는 것은 주로 부활절 단 하루에 그치는 경우가 많
다. 십자가에 비해 부활은 그다지 존중을 받지 못한다. 소홀히
대접받고 있다. 홀대받는 부활, 이것이 한국 교회의 현주소다.

그러나 초대 교회는 그렇지 않았다. 십자가 못지않게 그들
이 의지하고 자랑한 것은 부활이었다. 베드로나 바울도 부활
을 소리 높여 전했다. 베드로는 다윗이 그리스도의 부활을 예
언한 시편 16편 10절을 한 설교에서 두 번이나 언급하며 부
활을 강조했다(행 2:27, 31).** 그는 자신을 무엇보다 그리스도

---

* 가상칠언에 대한 성경학자의 전문적인 해설이 없어, 앞서 필자는 《십자가 새롭게 읽기》(서울: 두란노, 2021)를 출판한 바 있다.
** "그는[다윗은] 선지자라 … 미리 본 고로 그리스도의 부활을 말하되 그가 음부에 버림이 되지 않고 그의 육신이 썩음을 당하지 아니하시리라 하더니"(행 2:30-31).

의 부활의 증인으로 나타내고자 했다(행 3:15, 5:32, 10:41). 바울도 시편 16편 10절을 인용하며 예수님의 부활을 강조한다(행 13:35). 데살로니가에서도, 아덴에서도 부활을 전했다(행 17:3, 18, 31). 그리고 계속해서 자신이 부활하신 주님을 만난 이야기를 나눈다(행 22, 26장). 그리고 자신의 믿음과 전함의 핵심이 부활이라는 것을 분명히 밝힌다. 자신은 부활 때문에 유대인들에게 박해를 당한다고 말한다(행 23:6, 24:21, 26:7). 재판장 앞에서 자신은 하나님에 대한 소망, 즉 의인과 악인의 부활을 믿는다고 고백한다(행 24:15).

이처럼 초대 교회는 십자가와 부활을 함께 강조했다(행 17:3, 26:23). 필자가 다른 책(《십자가 새롭게 읽기》)에서 언급한 바와 같이, 사도 바울은 고린도전서를 십자가로 시작해서 부활로 마친다(고전 1:18-31, 15:1-58).*** 고린도 교회는 다양한 문제를 안고 있었다. 그들은 바울파, 아볼로파, 게바파, 그리스도파로 서로 나뉘어서 싸웠다. 자기가 누구에게 세례를 받았는지, 혹은 누구를 추종하는지를 내세웠다. 서로를 시기하며 자신을 높이고 상대방을 무시했다. 심지어 성도들끼리 세상 법정에 고발하며 다투는 일이 벌어졌다. 또한 그들 중에는 음행하는 자들이 있었다. 창녀와 음행하는 자들까지 있었다. 우상을 숭배하는 이들도 있었고, 우상의 제물을 먹을 수 있는지에

*** 이 내용은 필자가 《십자가 새롭게 읽기》 머리말에서 언급한 부분이다.

대한 논란도 있었다. 또 교회는 성령의 은사 문제로 어지러웠다. 서로 자신의 은사가 특별하다고 자랑하며 다른 은사를 우습게 보았다. 분열과 다툼, 시기와 차별, 음행과 우상 숭배, 비난과 고소 등 각종 문제가 교회 안에 가득했다.

고린도전서에서 사도 바울은 교회의 이런 문제를 듣고 각 문제에 대해 하나하나 적절한 해결책을 말해 준다. 그러나 두 가지 큰 원리를 제시하면서, 그 기초 위에서 각각의 문제를 풀기 원했다. 두 원리를 편지의 시작과 끝에 배치해서 모든 문제를 감싸게 했다. 두 원리는 '십자가'와 '부활'이다. 1장을 십자가로 시작해서, 15장에서 부활을 언급한다. 십자가와 부활이 그리스도인의 문제, 교회의 문제를 푸는 열쇠라는 말이다. 십자가와 부활을 바탕으로 모든 문제가 풀릴 수 있다는 의미다.

'맥가이버 칼'을 아는가? 스위스 군용 칼을 일컫는데, 그 칼 안에는 다양한 공구들이 들어 있다. 예전에 방영된 TV 외화 주인공인 맥가이버가 이 칼 하나만 가지고 여러 가지 문제를 척척 해결해서 '맥가이버 칼'이라 부른다. 십자가와 부활은 신앙생활에서 일종의 맥가이버 칼인 셈이다. 이를 잘 이해하고 사용하면 웬만한 신앙 문제는 다 해결할 수 있다. 웬만한 어려움은 뚫고 지나갈 수 있다. 개인 신앙, 자존감, 인간관계, 가정, 교회의 문제가 해결될 수 있다. 그러므로 우리가 의지하고 주목해야 할 것은 십자가와 부활이다. 이와 같이 십자가와 부활은 함께 간다.

왜 빈 무덤인가?

예수님의 부활을 소개하면서 사복음서는 하나같이 '빈 무덤'으로 시작한다. 그냥 부활하신 예수님이 제자들에게 나타나셨다는 것을 이야기하면 될 텐데, 왜 모든 복음서는 예외 없이 무덤이 비어 있다는 것을 증언할까? 빈 무덤이 예수님의 부활의 중요한 증거이기 때문이다. 예수님의 부활로 그의 무덤은 이제 비어 있을 수밖에 없다는 것을 나타낸다. 그러나 빈 무덤 사건은 부활을 변증하기 위해서만 기록된 것은 아니다. 여기에는 부활을 믿는 그리스도인에게 주는 신앙적, 신학적 의미가 담겨 있다. 그리고 사복음서는 저마다 특색 있게 부활의 의미를 들려준다. 그래서 마침내 독자들이 부활의 의미를 종합적으로 알 수 있게 한다.

지금까지 부활에 대한 다양한 책들이 나왔다. 톰 라이트(Nicholas Thomas Wright)의 《하나님의 아들의 부활》(크리스천다이제스트)에서부터 최근에 나온 팀 켈러(Timothy J. Keller)의 《부활을 입다》(두란노)까지, 외국의 유명 학자나 설교자의 글이 번역, 출판되었다.[1] 그러나 이 중 어느 책도 빈 무덤 사건에만 초점을 맞추지 않는다.[2] 더욱이 이 책들은 주로 부활에 대한 변증을 다루거나, 아니면 부활의 의미를 본문에 한정해

단편적으로 다루거나, 아니면 현재에 적용하는 데 무게를 둔다. 따라서 빈 무덤 사건에 초점을 맞추어, 그 사건의 신앙적, 신학적 의미를 연구한 결과물은 거의 전무하다.

본서는 이러한 배경에서, 각 복음서의 빈 무덤 사건이 신구약 성경을 관통하는 성경신학적 흐름 안에서, 또한 각 복음서의 신학 안에서 그리고 빈 무덤 사건이 위치한 문맥 안에서 어떤 신앙적, 신학적 의미를 지니는지 밝혀낼 것이다. 그리하여 오늘날 예수님의 부활을 믿는 신자들이 빈 무덤 사건의 의미를 어떻게 이해하고 적용할 수 있는지 살펴볼 것이다.

사복음서에 나오는 빈 무덤 사건에 대한 연구이기에 처음에는 네 장 정도의 분량만 생각했으나, 마태, 마가, 누가복음에 나오는 '갈릴리'라는 주제를 각 장에서 다루는 것보다는 한 장에서 서로 비교하며 다루는 것이 효과적일 것 같아 보충 설명(excursus)을 추가했다. 프롤로그에서는 부활을 증명하는 근거에 대해 간단하게 기술했다. 이 책의 주요 목적은 아니지만, 그럼에도 불구하고 성경이 말하는 부활의 기본적인 근거는 알아 둘 필요가 있기 때문이다. 물론 이 경우에도 딱딱한 이론만 제시한 것이 아니라, 그 이론이 각자의 부활 신앙과 삶에 어떤 영향을 미치는지를 함께 기술해 보았다. 아울러 매 장마다 토론과 나눔을 위한 질문을 배치해, 공동체 안에서 부활의 의미를 나누고 적용할 수 있도록 했다.

이 책은 원래 신학생들에게 "십자가와 부활 신학"이라는 과목으로 강의한 내용 중 일부다. 두란노바이블칼리지에서 목회자와 성도를 위해 "십자가 새롭게 읽기", "부활 새롭게 읽기"라는 제목과 내용으로 좀 더 각색되었다. 이 중《십자가 새롭게 읽기》가 먼저 책으로 출판되었고,[3] 이제《빈 무덤 사건》이라는 제목으로 '예수님의 부활'을 연구한 책을 내놓게 되었다. 아무쪼록 예수님의 빈 무덤 사건을 통해 부활의 의미를 이해하기 원하는 목회자와 성도들에게 조금이라도 도움이 되기를 소망한다. 만일 하나님께서 허락하시면, 앞으로 사복음서에 나오는 예수님의 복음에 대한 연구 결과를 더 내놓고 싶다. 십자가와 부활의 복음뿐 아니라, 예수님의 탄생, 예수님의 비유, 예수님의 기적 등에 관한 새로운 이해를 시도하고 싶다. 이러한 예수님의 복음 연구를 통해 조금이라도 한국 교회에 유익을 끼쳤으면 하는 바람이다.

빈 무덤에서 채워지다!

많은 현대인이 공허한 일상을 살고 있다. 화려한 외모와 다양한 경력으로 자신을 꾸미지만 속은 비어 있다. 무언가를 얻은 것 같지만 여전히 비어 있는 자신을 채우기 위해 발버둥친다. 파스칼(Blaise Pascal)은, 우리 마음속에는 하나님만이 채울 수 있는 빈 공간이 있다고 했다.[4] 다른 것으로는 채울 수 없다. 따라서 오늘도 빈 가슴을 채우려고 발버둥 치는 당신에게 빈 무덤을 만나라고 말해 주고 싶다. 무덤을 비우고 부활하신 예수님을 만나라! 아들을 살리신 하나님을 만나라! 그래서 텅 빈 인생이 아니라 꽉 찬 인생을 살아라! 예수님은 자신의 무덤을 비우고 나를 채우신다. 그분의 영과 말씀으로 그분의 사람을 채우신다. 또한 아들을 통해 아버지 하나님이 성령으로 그 사람 안에 머무신다. 하나님의 사랑과 지혜와 능력이 함께한다. 이와 같이 무덤이 비어 있는 것을 믿는 사람은 채워진다. 빈 무덤 사건을 연구하고 강의, 설교하는 동안 이런 채워짐의 은혜가 참 좋았다. 채움이 양식이 되어 일상을 살아가는 에너지가 되었다.

우리는 매주 주일 예배에서 사도신경을 암송하며 부활에 대한 믿음을 고백한다. "장사된 지 사흘 만에 죽은 자 가운데서 다시 살아나셨으며"를 고백할 뿐만 아니라, "몸의 부활과 영생을 믿습니다"라고 고백한다. 예수님의 부활과 성도의 부활은 기독교 신앙의 근간이다. 부활을 고백하지 않는 기독교는 기독교가 아니다. 그러나 부활 신앙은 고백에만 그쳐서는 안 된다. 부활 신앙은 일상에서 경험되는 삶으로 나아가야 한다.[5] 부활하신 주님이 나에게 충만히 임하셔서 부활 소망으로 가득한 인생을 사는 것이다. 부활의 능력으로 현실의 고통을 견디며 이기는 것이다. 부활을 믿기 때문에 오늘 여기서 절제와 헌신, 사랑과 나눔의 삶을 사는 것이다. 그런 부활 신앙, 부활 고백, 부활의 삶을 꿈꾸며 이 책을 집필했다.

이 책이 나오기까지 도움을 주신 분들께 많은 빚을 졌다. 귀한 시간을 내서 졸저를 읽고 추천사를 써 주신 존경하는 네 분의 교수님들과 목사님들께 감사드린다. 이번에도 선생의 못난 글을 교정해 준 제자 이정화 박사, 이혜인 목사에게도 감사 인사를 전한다. 출판을 허락해 준 두란노서원에도 심심한 사의를 표한다. 아내와 두 아들의 응원에도 고마움을 표하고 싶다. 끝으로 부족한 인생을 오랫동안 참으시고, 이렇게까지 사용해 주시는 삼위 하나님께 무한한 감사와 영광을 돌린다! 할렐루야!

2022년 9월
수지 광교산 자락에서
권해생

부활은 사실일까?

헨리 나우웬(Henry J. M. Nouwen)의 《죽음, 가장 큰 선물》에 다음과 같은 이야기가 나온다.[1] 엄마 배 속에서 이란성 쌍둥이가 다음과 같은 대화를 한다.

여동생이 오빠에게 말했다.

여동생: "오빠! 난 말이지, 태어난 후에도 삶이 있다고 믿어."

오빠: "절대 그렇지 않아. 여기가 전부라니까. 여긴 어두워도 따뜻하지. 또 우리를 먹여주고 살려주는 탯줄만 잘 붙들고 있으면 딴 일을 할 필요도 없다구."

여동생: "이 캄캄한 곳보다 더 좋은 곳이 있을 거야. 어딘가 다른 곳 말이야. 마음껏 움직일 수 있고 환한 빛이 비치는 곳이 반드시 있을 거야."

그렇지만 여동생은 쌍둥이 오빠를 설득시킬 수 없었다. 잠시 침묵이 흐른 뒤, 여동생이 재빠르게 말했다.

여동생: "말해줄 게 또 있어. 오빠는 안 믿겠지만 말이야, 난 엄마가 있다고 생각해."

오빠: "엄마라구? 무슨 뚱딴지같은 소리야? 너도 나도 엄마를 한 번도 본적이 없어. 대체 어떤 놈이 그런 생각을 자꾸 불어 넣는 거야? 이곳도 알고 보면 그렇게 나쁜 곳은 아니야. 우리에게 필요한 게 다 있으니까. 그러니까 여기에 만족하도록 해." 오빠의 기세에 눌린 여동생은 잠시 동안 말을 꺼내지 못했다.

부활은 기독교 신앙 중에서도 가장 믿기 힘든 사실이다. 많은 사람이 쌍둥이 오빠와 같은 생각을 한다. 부활을 믿지 않고, 부활 이후의 삶을 부정한다. 보이지 않는 부활의 세계를 바라보는 것이 쓸데없다고 한다. 그들은 눈에 보이는 것만을 의지하기 때문에 굉장히 이성적이며 논리적으로 보인다.

부활을 믿지 않는 것이 새삼스러운 주장은 아니다. 예수님 당시 사두개인들로부터 시작해서 지난 2천 년 동안 다양한 사람들이 부활을 부인했다. 그들은 각양 이론을 제기하며, 할 수만 있으면 예수님의 부활을 무력화하려 했다. 더그 파웰(Doug Powell)에 따르면, 지금까지 예수님의 부활을 부인하는 다음과 같은 이론들이 있었다.[2] (1) 예수님이 사실은 십자가에서 죽은 것이 아니라 잠시 졸도한 것이라는 주장이 있다 (졸도설). 그래서 서늘한 무덤 안에 들어가서 쉬자 다시 회복되어 일어났다고 한다. (2) 예수님의 제자들이 시신을 훔쳐 감추었고, 마침내 그가 부활했다는 거짓 소문을 퍼뜨렸다고도 한다(시신 절취설). (3) 제자들이 예수님을 미화하기 위해 그의 죽음과 부활을 꾸며 냈다는 주장도 있다(날조설). 실제로는 예수님이 십자가에 달려 죽었고, 그대로 시체가 새의 먹이가 되었거나 버려져 짐승의 먹이가 되었는데, 제자들이 죽음과 부활을 미화시켜 예수님을 숭배의 대상으로 만들었다고 한다. (4) 예수님의 죽음 이후 제자들이 깊은 슬픔에 빠져 있다가 환각 체험을 했다고 보는 이들도 있다(환각설). 실제 예수님이 아니라, 예수님의 환상을 본 것이라 한다.

1세기 고린도 교회 안에도 부활을 믿지 않는 사람들이 있었다(고전 15:12). 이들의 정체에 대해서는 여러 주장이 있는데, 부활 자체를 도무지 인정하지 않는 일군의 사람들일 수도 있고, 헬라 사상의 영향을 받아 영혼 불멸은 믿지만 육체의 부활은 부인하는 사람들일 수도 있다. 아무튼 이러한 자들이 들어와서 예수님의 부활과 성도의 부활에 대한 의심을 교회에 퍼뜨린 것 같다. 이에 사도 바울은 고린도전서 15장 전체에서 근거를 제시하며 부활을 변증한다. 그리고 부활을 믿는 사람들이 무엇을 소망하며, 어떻게 살아야 하는지도 언급한다.

부활에 대한 변증

사도 바울이 제시한 부활에 대한 다양한 근거를 여기서는 다섯 가지로 구분해서 간단하게 정리해 보았다.[3]

성경에 의한 변증

바울은 먼저 예수님의 십자가와 부활이 성경에 따른 것임을 밝힌다. 여기서 성경은 구약성경을 가리킨다. 십자가와 부활은 이미 구약성경에 예언되어 있었고, 그 예언을 따라 일어났다.

> "내가 받은 것을 먼저 너희에게 전하였노니 이는 성경대로 그리스도께서 우리 죄를 위하여 죽으시고 장사 지낸바 되셨다가 성경대로 사흘 만에 다시 살아나사"(고전 15:3-4).

바울이 전한 메시지의 핵심은 '성경대로 죽으심'과 '성경대로 살아나심'이다. 예를 들어, 이사야 53장은 예수 그리스도의 죽음을 예언한다. 그의 찔림과 상함을 통해 우리가 나음을 얻을 것이라 한다(사 53:5). 그는 우리의 영혼을 위한 속건제물로서 많은 사람의 죄를 담당할 것으로 나온다(사 53:10, 12). 예수님이 오시기 700년 전에 이미 이사야 선지자는 그분의 죽음을 예언했다.

부활을 예언한 구약의 대표적 본문은 다니엘 12장과 호세아 6장이다. 다니엘은 이방의 지배 아래 신음하는 사람들을 향해 죽은 자의 부활을 전하며 영생을 소망하게 한다.

> "땅의 티끌 가운데에서 자는 자 중에서 많은 사람이 깨어나 영생을 받는 자도 있겠고 수치를 당하여서 영원히 부끄러움을 당할 자도 있을 것이며"(단 12:2).

호세아는 여호와께서 셋째 날에 이스라엘을 일으키실 것이라 예언한다.

> "여호와께서 이틀 후에 우리를 살리시며 셋째 날에 우리를 일으키시리니 우리가 그의 앞에서 살리라"(호 6:2).

이러한 이스라엘의 부활에 대한 예언은 예수 그리스도 안에서 성취된다. 새 이스라엘로서 예수님의 부활은 그를 믿는 모든 새 이스라엘 사람을 위한 첫 열매다.

바울은 이와 같이 성경이 예수님의 부활의 근거가 된다고 한다. 예수님은 성경에 나와 있는 대로 죽으셨으며, 성경에 따라 살아나셨다고 한다. 부활은 갑자기 등장한 이상한 말이 아니라, 성경에 미리 예언된 것이 성취된 분명한 역사적 사실이라는 뜻이다.

목격자에 의한 변증

바울은 또한 예수님의 부활에는 목격자가 있다고 한다(고전 15:5-8). 부활하신 예수님을 직접 목격하고 증언하는 증인들이다. 베드로를 비롯한 열두 사도, 오백여 형제, 예수님의 동생 야고보 그리고 바울 자신이다. 예수님의 부활은 그의 제자들이 꾸며 낸 말이거나, 그의 환상을 보고 착각한 이야기가 아니라는 말이다. 확실한 목격자가 있는 실재다.

바울이 부활의 복음을 전파하고 그의 서신들을 기록할 때, 위의 목격자 중 다수는 여전히 살아 있었다(고전 15:6). 만약 바울이 전한 부활의 복음이 그들이 보고 들은 것과 달랐다면, 그들은 가만히 있지 않았을 것이다.[4] 그러나 초대 교회의 어떤 문헌에도 그러한 이의 제기는 없다. 바울이 속했던 유대교에서는 재판 때에 두세 명의 증인이 있으면 그 증언에 효력이 있었다(신 19:15). 그런데 바울은 여기서 오백 명이 넘는 증인을 소개한다.

사람들은 일반 역사에서 신약성경보다 신빙성이 훨씬 떨어지는 자료인데도 잘 받아들인다. 예를 들어, 알렉산더 대왕에 대한 가장 오래된 전기는 아리안(Arrian)과 플루타크(Plutarch)에 의해 쓰였다. 그런데 이 책들은 알렉산더가 죽은 B.C. 323년보다 무려 400년 이상이 지난 후에야 기록되었다. 그런데도 사람들은 알렉산더에 대한 이들의 기록을 신뢰한다.[5]

우리나라의 경우도 비슷하다. 《삼국사기》(1145)나 《삼국유사》(1281)는 삼국 시대에 관한 다양한 이야기를 가지고 있는 현존하는 가장 오래된, 가장 권위 있는 문헌이다. 을지문덕의 승리, 계백의 용맹, 김유신의 삼국 통일에 관한 이야기가 여기에 실려 있다. 하지만 이 책들은 실제 삼국 시대보다 최소 500년 뒤인 고려 시대에 기록되었다. 그럼에도 불구하고 오늘날 대부분의 사람들은 《삼국사기》나 《삼국유사》를 보고 삼국 시대를 가늠한다. 이의를 제기하는 사람도 별로 없다.

그러나 신약성경에 대해서는 유독 더 엄격한 잣대를 들이대며 역사성을 따진다. 예수님의 죽음과 부활에 대해서는 갖가지 이유를 들며, 할 수 있는 대로 부인하려 한다. 분명한 목격자가 있음에도 불구하고 예수님의 부활은 지난 2천 년 동안 의심받고 무시당했다. 신약성경은 실제 부활이 있었던 시기보다 기껏해야 30년 뒤에 기록되었고, 기록 당시 다수의 목격자가 살아 있었다. 이보다 더 역사적인 고대 문헌은 있을 수 없다.

자연에 의한 변증

바울은 또한 자연의 이치를 제시하며 부활을 변증한다. 죽은 자가 어떻게 살아날 수 있느냐고 반문하는 사람들에게 씨가 뿌려져 열매가 되는 이치를 설명하며 반박한다.

> "누가 묻기를 죽은 자들이 어떻게 다시 살아나며 어떠한 몸으로 오느냐 하리니 어리석은 자여 네가 뿌리는 씨가 죽지 않으면 살아나지 못하겠고"(고전 15:35-36).

밀과 같은 씨앗을 뿌리면 그 씨앗은 땅속에서 죽는 대신 싹이 나고 열매가 맺힌다. 이와 같이 죽음은 끝이 아니라 새로운 생명의 시작이다. 씨앗이 죽고 열매가 나오듯, 사람도 육의 몸이 죽고 신령한 몸으로 살아난다(고전 15:44). 따라서 부활은 자연의 이치에 맞지 않는 이상한 현상이 전혀 아니다. 오히려 자연의 이치에 지극히 합당한 역사적 실재다. 우리는 썩어질 몸이 죽고, 영광스러운 몸으로 다시 살아날 것이다. 하늘에 속한 이의 형상을 입어 아름답고 존귀한 몸으로 다시 태어날 것이다(고전 15:49). 병든 자, 연약한 자의 소망이 여기에 있다. 육체의 쇠약으로 죽어 가는 이들의 미래가 여기에 있다. 믿음 때문에 박해받는 자들의 위로가 여기에 있다. 우리는 영원히 멸망하지 않을 영광스러운 몸으로 변화될 것이다.

제자들의 헌신에 의한 변증

논리적으로 생각해 보자. 만일 그리스도의 부활이 없으면, 모든 그리스도인의 믿음은 헛된 것이 된다. 또한 복음 전파는 사기다. 복음을 전하기 위해 수고하고 애쓰는 사람은 진짜 불쌍한 자들이다(고전 15:19). 바울은 이러한 점을 들어 부활에 대한 논리적 설득을 시도한다(고전 15:13-19).

예수님의 제자 중 그 누구도 부활을 증언하고 복음을 전파해서 소위 세상적으로 잘되었다는 기록이 없다. 돈을 벌거나 높은 자리에 올랐다는 사람이 없다. 오히려 모진 고생을 하고 박해를 당했다. 부활을 증언하기 위해 재산과 가족을 버리고, 죽음을 불사했다. 그리고 마침내 그리스도와 복음을 위해 장렬하게 순교했다. 마지막까지 살아남은 사도 요한도 밧모 섬에 유배되어 수형 생활을 했다.

바울은 어떤가? 만약 부활이 사실이 아니라면, 그가 목격한 것이 허상이라면, 과연 그는 그렇게 살 수 있었을까? 없는 부활을 전해서 얻을 이익이 전혀 없는데, 왜 그는 그렇게 희생하며 부활을 전했을까? 그는 당대 최고의 랍비인 가말리엘 문하에서 엄격한 율법 교육을 받았다(행 22:3). 다메섹 여러 회당에 가져갈 공문을 대제사장에게 청할 정도로 바리새인 중에서 어느 정도 리더의 역할을 하고 있었던 것 같다(행 9:1-2).[6] 즉, 그는 학문적, 종교적, 사회적 엘리트였다. 그러나 부활하신 그리스도를 만난 후 완전히 변했다. 그는 자신이 가지고 있던 모든 특권을 포기하고 온갖 어려움을 당하며 부활의 증인이 되었다. 굶주림과 추위와 헐벗음으로 고생했다(고후 11:27). 수없이 옥에 갇히고 매를 맞으며 여러 번 죽을 고비를 넘겼다(고후 11:23). 이전에 자기가 갖고 있던 모든 지식과 자격을 배설물로 여기고 그리스도를 아는 것을 가장 고상하게 여겼다(빌 3:8). 왜냐하면 그는 부활하신 예수님을 분명히 보았고, 또한 자신도 부활할 것이라는 분명한 확신이 있었기 때문이다.

바울은 고린도전서 15장에서도 이 점을 밝히며 왜 위험을 무릅쓰고 이렇게 살겠느냐고 반문한다(고전 15:30). 왜 에베소에서 맹수와 더불어 싸우지 않고 참았겠느냐고 반문한다(고전 15:32상). 맹수는 아마도 그를 반대하며 박해하던 사람들을 가리킬 것이다(고전 16:9 참조). [7] 바울은 그러한 자들을 직접 대적하지 않았다. 원수 갚는 것을 하나님께 맡기고 오히려 그들을 축복했다. 또한 내일 죽을 터이니 먹고 마시자는 유혹도 있었다(고전 15:32하). 그러나 깨어 의를 행하고 죄를 짓지 않았다. 왜냐하면 그에게는 부활이 있었기 때문이다.

이처럼 제자들의 헌신은 부활을 논리적으로 증명한다. 그들은 예수님의 부활을 목격했고, 자신들의 부활을 확신했다. 그래서 참고, 바라고, 헌신했다.

빈 무덤에 의한 변증

고린도전서 15장에는 부활의 증거로서 빈 무덤에 대한 명확한 언급이 나오지는 않는다. 다만, "장사 지낸바 되셨다가 성경대로 사흘 만에 다시 살아나사"(고전 15:4)는 빈 무덤을 암시한다고 할 수 있다.[8] '장사되다'는 무덤에 묻히는 것을 뜻하기 때문이다. 예수님은 십자가에 달려 죽은 후 무덤에 묻히셨고, 사흘 만에 다시 살아나셨다. 따라서 그의 무덤은 비어 있었다. 물론 바울의 부활 논증에서 빈 무덤은 그렇게 큰 비중을 차지하지 않는다. 그럼에도 불구하고 독자들은 예수님의 무덤이 비어 있고, 그의 몸이 부활했다는 것을 문맥에서 충분히 알 수 있다.

부활의 증거로서 빈 무덤은 사복음서에 의해 더 분명하게 밝혀진다.[9] 복음서는 빈 무덤 사건을 기록하며 예수님의 부활을 변증했다. 만약 예수님의 무덤이 비어 있지 않았다면 그곳은 유명한 성지가 되었을 것이다.[10] 순교자의 묘로 인정받아 많은 순례자들이 참배했을 것이다. 그러나 당시 문헌에는 그러한 순례자가 있었다는 기록이 전혀 없다. 또한 초대 교회가 안식 후 첫날을 특별한 기념일로 정해서 모였다는 것은, 이날에 기독교의 핵심 사건이 일어나지 않았다면 있을 수 없는 일이다. 기독교의 근간을 이루는 예수 그리스도의 부활의 날에 초대 교회는 함께 모여 떡을 떼며 부활을 기념했다. 따라서 무덤은 비어 있었으며, 제자들은 부활하신 예수님을 만난 것이 분명하다.

만약 빈 무덤 사건이 꾸며 낸 허구라면 왜 군이 사복음서는 여인들을 부활의 첫 목격자로 제시했겠는가? 당시 여인들의 증언은 법적 구속력이 크지 않았다. 여인들의 목격이 역사적 사실이지 않고서는 있을 수 없는 일이다. 만약 빈 무덤 사건을 꾸며 내려 했다면 사복음서는 남자 제자들을 내세웠을 것이다(여기에 대해서는 2장에서 좀 더 자세하게 다룰 것이다).

따라서 예수님의 무덤은 비어 있었고, 여인들과 제자들은 부활하신 예수님을 직접 만났다는 것을 알 수 있다. 그들은 예수님의 환상을 본 것이 아니라, 몸으로 부활하신 주님을 직접 목격한 것이다. 슬픔에 못 이겨, 그를 너무 그리워한 나머지 환영을 본 것이 아니다. 그의 무덤은 비어 있었고, 그들은 부활하신 예수님의 몸을 직접 보고, 만졌다.

바울은 부활을 변증하기 위해 다섯 개의 근거를 제시한다. 예수님의 부활은 성경에 이미 예언된 내용의 성취요, 목격자가 있는 역사적 사실이다. 씨가 죽어 열매를 맺는 자연의 이치와도 맥이 닿는다. 부활을 증언하며 헌신한 제자들은 아무런 세상적 이득을 취하지 않았다. 부활이 가짜라면 논리적으로 이해할 수 없는 부분이다. 그리고 비어 있는 무덤은 예수님이 육체로 부활하셨다는 것을 증명한다. 이와 같이 성경, 목격자,

자연의 이치, 제자들의 헌신 그리고 빈 무덤이 예수님의 부활이 실제로 일어난 역사적 사실이라는 것을 강하게 보여 준다.

부활 소망

고린도전서 15장에는 부활 변증만 있는 것은 아니다. 곳곳에 부활 소망을 담고 있다. 그리스도의 부활을 통해 성도의 미래가 어떠할 것인지를 제시한다. 오늘날 많은 사람들이 절망하는 큰 이유 중 하나는 미래가 없어서다. 암울한 미래를 살아갈 자신이 없어 고통스러워한다. 그러나 그리스도인은 다르다. 확실한 미래가 우리를 기다리고 있다.

먼저, 바울은 예수님의 부활을 '첫 열매'라고 한다.

> "그러나 이제 그리스도께서 죽은 자 가운데서 다시 살아나사 잠자는 자들의 첫 열매가 되셨도다"(고전 15:20).

나무에 열매가 맺힐 때, 첫 열매를 보면 나머지 열매가 어떠할지를 안다. 그리스도의 부활이 이와 같다. 그의 부활을 보면 성도의 부활을 짐작할 수 있다. 그의 부활은 그를 믿고 죽는 자들의 미래다. 우리도 다 그와 같이 부활해서 영광스러운 몸으로 변화할 것이다.

둘째, 아담의 타락 이래로 끊임없이 인간을 괴롭히던 사망이 완전히 없어질 것이다. 그리스도 안에 있는 자는 사망을 이기고 최후 승리를 얻을 것이다. 마지막 나팔 소리가 울릴 때, 잠자던 성도들이 일어나 영원히 썩지 아니할 몸을 입을 것이다(고전 15:50-57). 신령한 몸을 입고 새 하늘과 새 땅에서 우리 주님과 영생을 누릴 것이다. 이때 사망은 불 못에 던져져 더 이상 힘을 쓰지 못할 것이다. 인류의 원수인 사망은 완전히 멸망할 것이다(고전 15:26). 성도의 부활은 사망의 사망이다. 사망의 패배요, 성도의 승리다.

이처럼 부활은 모든 믿는 자의 소망이요, 미래에 우리가 얻을 승리다. 하나님께서는 아들의 부활을 통해 그를 믿는 자의 부활을 보증하신다. 성도의 상과 영광이 여기에 있다.

부활의 믿음과 삶

바울은 고린도전서 15장 끝부분에서 결론적으로 믿음과 삶을 언급한다(고전 15:58). 긴 부활 변증을 마치고, 곳곳에서 부활 소망을 제시한 후, 마침내 부활에 대한 굳건한 믿음과 그 믿음에 따른 삶을 소개한다.

"그러므로 내 사랑하는 형제들아 견실하며 흔들리지 말고 항상 주의 일에 더욱 힘쓰는 자들이 되라 이는 너희 수고가 주 안에서 헛되지 않은 줄 앎이라"(고전 15:58).

'그러므로'라는 말은 바울의 이 마지막 절 권면이 앞에 나오는 부활 변증-소망과 밀접하게 연결되어 있다는 것을 보여준다. 바울은 이 변증과 소망에 기초해 부활의 믿음과 삶을 권면한다.

첫째, 부활 믿음이다. 믿음과 관련하여 견실하며 흔들리지 말아야 한다. 견실하라는 것은 굳게 서라는 말이다. 헬라어 표현은 다르지만, 15장의 첫 부분에 나오는 "너희가 만일 내가 전한 그 말을 굳게 지키고"(2절)와 의미상 연결될 수 있다.[11] 견실하며 흔들리지 말라는 것은 바울이 전한 말, 즉 바울이 전한 십자가와 부활의 복음을 굳게 지키라는 말이다.

그렇다. 그리스도인은 부활의 복음을 굳건하게 붙드는 사람이다. 이생의 삶이 다가 아니라, 다가오는 부활의 삶이 있다는 것을 굳게 믿는 사람이다. 그러므로 우리는 흔들리지 말아야 한다. 편하고 넓은 길, 많은 사람이 찾는 세상의 길이 부러울 때마다 부활을 기억해야 한다. 내가 가는 신앙의 길이 좁고 불편할 때, 그래서 찾는 사람이 적어 외로울 때, 바로 그때 부활을 기억해야 한다. 예수님이 부활하셨고, 나도 부활할 것이라는 확실한 믿음으로 좁은 길을 뚜벅뚜벅 걸어가야 한다. 이 좁은 길의 끝에서 만날 주님을 기대하며 흔들리지 말아야 한다.

둘째, 주의 일에 힘쓰는 부활의 삶을 살아야 한다. '힘쓰다'로 번역된 헬라어 '페리슈오'는 '-을 많이 하다' 혹은 '-을 열심히 하다' 등으로 번역할 수 있다. '주의 일'이라는 헬라어 단어는 기본적으로 '주를 위한 일'을 가리키는 포괄적인 말이다. 따라서 주를 위한 성도의 모든 삶을 다 가리킬 수 있다. 부활의 사람은 자신을 위해 살지 않고 주님을 위해 산다. 자신이 하는 말과 행동과 삶이 주님을 위한 것이 되도록 힘써야 한다. 무엇을 하든지 주님의 영광을 위해 해야 한다(고전 10:31). 자신의 유익보다 타자의 유익을 추구해야 한다. 모든 일에 주님의 유익과 교회의 유익과 이웃의 유익을 먼저 생각해야 한다(고전 10:31-33).

그런데 고린도전서 문맥에서 '주의 일'은 특히 무너져 가는 고린도 교회를 건강하고 아름답게 세우는 것이다. '힘쓰다'로 번역된 '페리슈오'가 고린도전서 내에서는 14장 12절에 한 번 더 나오는데, 교회의 덕을 세우기 위한 노력에 사용되었다.

"그러므로 너희도 영적인 것을 사모하는 자인즉 교회의 덕을 세우기 위하여 그것이 풍성하기를 구하라."

교회의 덕을 세우는 것은 다른 말로 교회를 건강하고 아름답게 세우는 것이다. 바울은 교회를 세우기 위해 영적인 은사가 풍성하도록 구하라고 한다. 따라서 '주의 일에 더욱 힘쓰라'는 말은 교회를 세우는 일에 더욱 풍성해야 한다는 의미다.[12] 교회가 건강하고 아름답게 자라도록 더욱 열심을 내라는 뜻이다.

바울은 성도들이 부활 신앙을 가지고 교회를 세우는 데 힘쓰도록 권면한다. 고린도전서에는 교회를 무너뜨리는 여러 가지 문제가 나온다. 파당을 지어 교회 분열을 일삼는 것, 남을 무시하고 자기 은사를 자랑하는것, 성적인 타락, 우상의 제물을 먹는 문제, 성찬과 애찬의 문제 등의 일로 교회가 훼손되고 있었다. 앞서 1장에서 십자가의 정신을 강조했던 바울은 이제 15장에서 성도들이 부활 신앙으로 무너져 가는 고린도 교회를 건강하게 세우도록 권면한다. 실제로 15장 58절에서 바울은 고린도 교회 사람들을 '내 사랑하는 형제들아'라고 부른다. 믿음이 연약하고, 부족하고, 어리석은 성도도 사랑하는 형제로 대한다. 아볼로나 게바를 추종하는 사람들도 온유하게 받아 준다. 자신을 반대하는 이들도 너그럽게 품는다. 고린도전서는 바울 서신 전체에서 '형제들아'라는 말이 가장 많이 등장하는 서신이다(고전 1:10, 2:1, 3:1, 4:6, 7:24, 10:1, 11:33, 12:1, 14:6 등). 그리고 이제 부활장이라 일컫는 15장 끝부분에서 바울은 '내 사랑하는 형제들아'라고 하며 그의 반대자들을 부른다. 부활 신앙에 기초해 그들을 사랑하는 형제로 대한다. 지금까지 '형제들아'라고만 부르다가 이제 부활장의 마지막 부분에서 일종의 클라이맥스처럼 '내 사랑하는 형제들아'라고 부르며 사랑을 강조한다. 바울은 교회를 세우는 주의 일의 모범을 여기서부터 시작하고 있다. [13]

바울은 마지막으로 이러한 성도의 삶에는 주님의 보상이 있을 것임을 언급한다. [14]

"이는 너희 수고가 주 안에서 헛되지 않은 줄 앎이라"(고전 15:58).

'수고'(코포스)는 고린도전서에 두 번 등장하는데, 나머지 하나는 3장 8절인 "심는 이와 물 주는 이는 한가지이나 각각 자기가 일한 대로 자기의 상을 받으리라"라는 구절에 나온다. 바울과 아볼로는 사람들을 믿게 해서 교회를 세우는 수고(일)를 하는 사역자였다(고전 3:5). 바울은 이 문맥에서도 교회를 세우는 일을 언급하며, 거기에는 하나님의 보상이 있을 것임을 말하고 있다. 고린도전서 15장 58절에서도 마찬가지다. 15장 전체의 결론, 부활 변증의 결론으로서 성도들이 교회를 세우는 주의 일을 하도록 권면한다. 그리고 주의 일에는 보상이 따를 것임을 언급하며, 부활을 믿는 사람들이 주의 일에 열심을 내도록 격려한다.

결론

바울은 부활을 변증하기 위해 다섯 개의 근거를 제시한다. 성경, 목격자, 자연의 이치, 제자들의 헌신 그리고 빈 무덤을 언급하며 예수님의 부활이 확실하다고 주장한다. 따라서 그리스도를 믿는 우리의 부활도 확실하다고 한다. 왜냐하면 그리스도의 부활은 성도의 부활의 첫 열매이기 때문이다. 마지막 나팔이 울릴 때 사망은 영원히 멸망할 것이나, 성도는 신령한 몸을 입고 영원히 살 것이다. 따라서 이러한 부활을 믿는 사람은 세상의 유혹에 흔들리지 말아야 한다. 부활의 복음에 굳건하게 서서 주의 일에 힘쓰는 자가 되어야 한다. 무너져 가는 교회를 건강하고 아름답게 세우는 일에 충성해야 한다. 주님께서 그 수고를 잊지 않고 부활의 날에 갚아 주실 것이다.

묵상과 적용

영화배우 전지현, 이정재가 주연한 〈암살〉이라는 영화가 있다.[15] 여기서 이정재는 소위 빌런(villain)이라 일컫는 악역으로 나온다. 독립군인 척하지만 사실은 독립군의 정보를 일제에 넘기는 이중간첩이다. 이정재의 배신으로 독립군의 계획이 수포로 돌아가고, 피해가 이만저만이 아니었다. 동지들이 체포되기도 하고 죽기도 했다. 이런 나쁜 인간이었지만 해방이 되어서도 별 탈이 없었다. 해방 후 열린 재판에서 이정재는 무죄로 방면된다. 거리를 유유자적 활보하며 여유로운 일상을 산다. 바로 그때 전지현이 그런 이정재를 처단하기 위해 나타난다. 독립군의 이름으로 그를 심판한다. 그런데 죽기 전에 전지현과 이정재가 나눈 대화가 인상적이다. 전지현이 왜 민족을 배신하고, 동지를 팔아넘겼느냐고 묻는다. 그러자 이정재가 한마디로 대답한다. "몰랐으니까!" 해방이 될 줄 몰랐으니까 그렇게 배신의 삶을 살았다고 말한다. 해방이 될 줄 알았으면 그렇게 살았겠느냐고 반문까지 한다. 여기서 우리는 교훈을 얻는다. 내일을 알면 오늘이 달라진다.

사도 바울은 고린도전서 15장에서 성도의 내일을 말해 준다. 예수 그리스도가 부활해서 성도의 내일을 보여 주셨다고 한다. 이러한 사실을 증명하기 위해 다섯 가지 근거를 제시한다. 그리하여 성도들로 하여금 그리스도의 부활을 믿고, 우리도 부활할 것이라는 소망으로 살라고 권면한다. 일상에서 부활의 삶을 살라고 한다. 바울이 제시한 부활의 삶은 부활의 복음에 굳게 서서 부활의 날에 상 주실 주님을 기억하며 각자의 삶의 자리에서 교회를 세우는 데 힘쓰는 것이다.

한국 교회의 여러 문제를 안타까워하는 사람이 많다. 좀처럼 변하지 않는 현실에 답답해하며, 점점 더 심각해지는 상황에 좌절한다. 다른 한편, 한국 교회의 문제를 지적하며 분노하는 사람도 있다. 교회에 대한 안타까움과 애정 어린 비판은 나쁜 것이 아니다. 교회를 건강하게 세우기 위해 오히려 우리가 가져야 할 덕목이다. 그러나 그것만 있어서는 안 된다. 안타까움과 비판만으로는 교회를 바꿀 수 없다. 긍정적 에너지로 교회를 세우는 희생과 헌신이 필요하다. 이런 희생과 헌신을 위해 바울은 부활을 이야기한다. 여러 가지 문제로 몸살을 앓고 있는 고린도 교회를 살리기 위해 부활 신앙과 삶을 말한다.

따라서 진정 부활을 믿는 자라면 각자의 삶의 자리에서 교회를 세우기 위한 희생과 헌신이 있어야 한다. 아무도 알아주지 않아도 한 사람, 한 사람의 믿음을 위해 자신의 몫을 다해야 한다. 심지어 무시당하더라도 교회가 건강하고 아름답게 세워지도록 묵묵히 각자의 역할에 충성해야 한다. 바로 이런 충성을 통해 한국 교회는 다시 살아날 것이다. 우리 각자의 수고를 부활의 날에 주님이 알아주실 것이다.

1 머리말에 따르면, 십자가 외에 부활을 강조한 초대 교회의 흔적은 어떻게 나타나는가?

2 예수님의 부활을 부인한 사람들의 주장에는 어떤 것이 있는가?

3 바울이 고린도전서에서 제시한 부활의 증거는 무엇인가?

4 빈 무덤이 어떻게 예수님의 부활의 증거가 될 수 있는가?

5 부활의 확실성은 우리의 믿음과 삶에 어떤 영향을 미치는가? 오늘 우리의 믿음과 삶에 부활은 어떻게 고백되고 삶으로 이어져야 할까?

1. 마태복음
빈 무덤 사건

　　　　　　　　　　　어느 설교자의 전도사 시절 자원 봉사 경험
담이 인상적이다.[1] 당시 그가 섬기던 교회는 어린이대공원 근
처에 위치해 있어, 그는 토요일마다 그곳 미아 센터에서 돌보
미로 봉사를 했다. 서울 지역에서 무료로 동물을 볼 수 있는
유일한 곳이어서인지 주말이면 수많은 인파가 대공원에 몰렸
다. 그러다 보니 미아가 자주 발생했다. 그럴 때면 돌보미들
은 부모를 잃고 울고 있는 아이들을 돌보아야 했다. 당시 교
회에서 유년부 전도사를 맡고 있던 그는 어린이들이 무엇을
좋아하는지를 잘 알았다. 우는 아이들을 진정시키기 위해 그
는 그들이 좋아하는 캐릭터가 담긴 딱지도 준비하고, 새콤달
콤한 캔디도 준비했다고 한다. 그러나 아무 소용이 없었다.
평소에는 그들이 그렇게 좋아하던 것들인데, 그날은 전혀 통
하지 않았다. 부모가 오기까지 아이들은 울음을 그치지 않았
다. 부모를 만날 때까지 아이들의 눈에서는 눈물이 멈추지 않
았다. 부모가 없으니 그 모든 좋아하던 것들이 아이들에게는

아무 의미가 없었다. 오직 눈물만이 그들과 함께할 뿐이었다.

하나님 없는 인간도 마찬가지다. 하나님이 오시기까지 인간의 문제는 멈추지 않는다. 슬픔과 수고와 고통이 끊임없이 인간을 괴롭힌다. 죽음이 늘 우리를 기다리고 있다. 하나님의 부재는 인간에게 있어 지옥이다.

마태복음은 하나님의 부재가 아니라 하나님의 임재를 다룬다. 그것을 '임마누엘'("하나님이 우리와 함께 계시다")이라 한다. '임마누엘'은 마태복음의 핵심 주제다. 물론 마태복음에서 '임마누엘'이라는 말은 딱 한 번 등장하는데, 마태복음 초반에 있는 예수님의 탄생 이야기에 나온다.

> "보라 처녀가 잉태하여 아들을 낳을 것이요 그의 이름은 임마누엘이라 하리라 하셨으니 이를 번역한즉 하나님이 우리와 함께 계시다 함이라"(마 1:23).

하지만 마태복음 초반뿐만 아니라 마지막에도 '함께하심', 즉 '임마누엘'이라는 주제가 등장한다. 소위 지상 명령이라 일컫는 마태복음의 끝부분이다.

> "볼지어다 내가 세상 끝 날까지 너희와 항상 함께 있으리라 하시니라"(마 28:20).

이러한 수미상관(首尾相關) 구조를 통해 마태복음은 하나님의 우리와 함께하심, 즉 하나님의 임재를 핵심 주제로 제시한다.[2] 그런데 하나님이 우리 가운데 오셔서 함께하신다면 어떤 일이 일어날까? 마태복음 빈 무덤 사건은 이것을 다룬다.

하나님의 임재와 지진

마태복음 빈 무덤 사건에서 가장 특별한 점은 지진이 등장한다는 것이다.

> "큰 지진이 나며 주의 천사가 하늘로부터 내려와 돌을 굴려 내고 그 위에 앉았는데"(마 28:2).

지진은 무엇을 의미할까? 결론적으로 말하면, 지진은 마태복음의 중심 주제인 임마누엘과 관련이 있다. 지진은 하나님의 임재의 증거다. 하나님이 능력으로 임재하고 역사하시는 것을 드러낸다. 하나님의 임재로 땅이 흔들리는 것이다. 그런데 이러한 지진은 이미 십자가 사건에 등장한다.

"이에 성소 휘장이 위로부터 아래까지 찢어져 둘이 되고 땅이
진동하며 바위가 터지고"(마 27:51).

이처럼 마태복음이 십자가와 부활 사건을 통해 강조하는
것은 임마누엘이다. 하나님이 우리와 함께하실 때 어떤 일이
벌어지는가를 보여 주고자 한다. 하나님이 함께하시면 죽은
자가 살아나고, 기쁨이 찾아오고, 예배가 회복된다. 마태복음
은 빈 무덤 사건을 임마누엘의 관점에서 부활과 기쁨과 예배
로 설명한다.

그러면 이 세 가지 관점에서 마태복음 빈 무덤 사건을 구체
적으로 살펴보자. 다만, 그전에 지진이 구약에서 어떤 성격으
로 나타났는지를 먼저 알아보자.

땅이 진동하는 지진은 구약에서 하나님이 임재하시는 곳
에 나타난다(출 19:18; 삿 5:4-5; 시 114:4-7; 사 24:18-20, 64:1-3; 렘
10:10; 욜 3:16; 나 1:4-5 참조). 출애굽기 19장에 따르면, 하나님은
땅을 흔들며 시내 산에 강림해서 이스라엘과 언약을 맺으셨
다. 이스라엘에게 율법을 주시며, 그들을 당신의 소유로 삼으
셨다. 한편, 사사기 5장에서 선지자 드보라는 광야에서 하나
님이 이스라엘을 어떻게 돌보셨는지를 고백하는데, 이때 지
진을 언급한다.

"여호와여 주께서 세일에서부터 나오시고 에돔 들에서부터 진행하실 때에 땅이 진동하고 하늘이 물을 내리고 구름도 물을 내렸나이다 산들이 여호와 앞에서 진동하니 저 시내 산도 이스라엘의 하나님 여호와 앞에서 진동하였도다"(삿 5:4-5).

세일은 에돔 족속이 거주하던 지역인데, 드보라의 노래는 민수기 20장을 배경으로 한다(민 20:14-21). 이스라엘은 신 광야를 떠나 가나안 땅으로 갈 때 세일 지역을 통과해야 했다. 아니면 먼 길을 돌아서 가야 했기 때문이다. 그런데 에돔 족속이 길을 내주지 않았다. 설상가상으로 하나님은 이스라엘의 형제 민족인 에돔 족속, 즉 에서의 후예와 싸우지 말라고 하셨다. 할 수 없이 이스라엘은 먼 길을 돌아서 가야 했다. 이렇게 말씀 때문에 먼 길을 둘러 가는 믿음의 사람들에게 하나님이 함께하셨다. 땅을 흔들며 함께하셔서 광야 생활을 잘 이기게 하셨다. 따라서 지진은 당신의 사람들에게 주시는 하나님의 능력이요, 하나님의 돌봄이다. 시편 114편도 하나님이 광야에서 이스라엘을 어떻게 돌보셨는지를 노래하면서 하나님의 임재를 지진으로 표현한다(시 114:4-7).

물론 다른 구약의 본문은 지진을 하나님의 진노와 심판의 상징으로도 사용한다. 하나님은 죄악 된 세상을 심판할 때 땅을 흔들고 갈라지게 하겠다고 선언하신다(사 24:18-20). 이사

야는 하나님을 경외하지 않는 불의한 이방 나라들을 심판해 달라고 기도하면서, 하늘을 가르고 강림하셔서 산들을 진동시켜 달라고 한다(사 64:1-4). 또한 우상을 숭배하는 이방 나라들에 대한 하나님의 진노가 지진으로 묘사된다(렘 10:10). 하나님이 이스라엘을 구원하러 오실 때 그의 백성에게는 피난처가 되시지만, 그분은 하늘과 땅을 흔들며 세상을 심판하실 것이다(욜 3:16). 아무리 강한 니느웨라 해도 하나님을 거역할 때 바다를 꾸짖고 산들을 흔드시는 하나님께서 심판하실 것이다(나 1:4-5).

이처럼 지진에는 이중적인 의미가 있다. 의인에게는 구원과 돌봄을 위한 하나님의 임재고, 악인에게는 심판을 위한 하나님의 임재다. 그러면 마태복음에서는 지진이 어떤 역할을 하는지 살펴보자.

하나님의 임재와 죽은 자의 부활

다른 복음서와 달리, 마태복음은 십자가 사건과 빈 무덤 사건에 지진이 일어났음을 언급한다. 이를 통해 임마누엘이라는 마태복음의 중심 주제가 예수님의 십자가와 부활과도 연결되어 있다는 것을 알 수 있다.

십자가와 지진

마태복음은 예수님이 십자가에서 운명하신 후 일어난 세 가지 현상을 기록한다. 성소 휘장이 찢어졌고, 땅의 진동이 일어났고, 죽은 자들이 무덤에서 살아났다(마 27:51-52). 그런데 이 세 가지 현상을 자세히 살펴보면 서로 연결되어 있다는 것을 알 수 있다.

마태복음은 "성소 휘장이 위로부터 아래까지 찢어져 둘이 되고"라고 표현한다(마 27:51; 막 15:38 참조). '성소'라 번역된 헬라어 '나오스'는 성소와 지성소가 있는 성전의 핵심 구역을 가리킨다. 따라서 이 휘장이 성소 입구의 휘장을 가리키는지, 아니면 성소와 지성소 사이, 즉 지성소 입구의 휘장을 가리키는지 정확히 알 수는 없다. 만약 지성소 입구의 휘장을 가리킨다면, 이 구역에 들어갈 수 있는 제사장들이 휘장이 찢어지는 것을 보았을 것이고, 이것은 아마도 그들의 회심과 증언에 적잖은 영향을 끼쳤을 것이다(행 6:7).[3] 만약 성소 입구의 휘장을 가리킨다면 많은 사람이 볼 수 있었을 것이다. 혹자는 마태복음 27장 54절에 기초해, 골고다 언덕에 있던 백부장과 로마 군인들이 성전 휘장이 찢어지는 것을 볼 수 있었다고 주장하기도 한다.[4]

"백부장과 및 함께 예수를 지키던 자들이 지진과 그 일어난 일

들을 보고 심히 두려워하여 이르되 이는 진실로 하나님의 아
들이었도다 하더라."

그러나 그들이 보았던 것은 기본적으로 십자가에서 예수
님이 운명하시는 모습과 땅이 진동하고 바위가 터지는 것을
뜻한다. [5] 성전의 휘장 크기는, 요세푸스(Flavius Josephus)에 따
르면 높이 55규빗에 너비 16규빗이다(《유대 전쟁사》, 5, 209-212).
대략 25미터 높이에 7미터 너비라는 말이다. 이러한 큰 휘장
이 위로부터 아래로 찢어진 것은 인위적으로 일어났다고 볼
수 없고, 하나님께서 하셨다는 뜻이다.

그렇다면 성전 휘장이 찢어진 것은 무엇을 의미할까? 학
자들에 따라 다양한 주장이 제시되지만, 놀란드(John Nolland)
는 결론적으로 성전 파괴 예고와 하나님의 오심이라는 두 가
지 의미로 해석한다. [6] 성전 휘장이 찢어진 것을 해석하기 위
해서는 같은 구절에 바로 이어서 나오는 땅이 진동하고 바위
가 터지는 현상과 연결해서 생각해 볼 수 있다. 이런 현상은
하나님의 심판이 임할 때 나타나는 현상일 수 있다(삼하 22:8;
시 18:7; 사 29:6; 겔 38:19). 따라서 앞서 마태복음 24장에서 예수
님이 예언하신 A.D. 70년에 있을 예루살렘 성전 파괴를 예고
한다고 볼 수 있다.

그러나 땅이 진동하고 바위가 터지는 현상은 계시, 즉 당신

을 드러내시기 위한 하나님의 임재와도 연결될 수 있다. 그래서 성전 휘장이 찢어진 것은 하나님께서 십자가를 통해 땅으로 내려오신 임재를 상징한다.[7] 왜냐하면 앞서 살펴보았듯이, 땅이 진동하는 모습은 구약에서 자주 하나님의 임재를 나타내기 때문이다(출 19:18; 삿 5:4-5; 시 114:4-7). 십자가로 말미암아 이제 하나님과 사람들 사이에 막힌 담이 허물어지고, 하나님께서 세상에 본격적으로 임재하신 것을 나타낸다.

이러한 하나님의 임재는 죽은 자가 살아나는 부활로 연결된다. 무덤이 열리고 죽은 성도가 일어났다(마 27:52). 죽은 자의 몸에 생기가 돌고 새 창조의 역사가 일어난 것이다.[8] 개역개정 성경은 예수님의 십자가 사건을 통해 죽은 자가 다시 살아나서 무덤에 머물러 있다가, 예수님의 부활 이후에 무덤에서 나와서 예루살렘에 들어간 것으로 번역한다.

"이에 성소 휘장이 위로부터 아래까지 찢어져 둘이 되고 땅이 진동하며 바위가 터지고 무덤들이 열리며 자던 성도의 몸이 많이 일어나되 예수의 부활 후에 그들이 무덤에서 나와서 거룩한 성에 들어가 많은 사람에게 보이니라"(마 27:51-53).

그러나 웬함(John W. Wenham)의 제안대로, 헬라어 원문 자체에는 장절 구분이나 마침표가 있는 것이 아니기 때문에 달리 번역할 수 있다. 52절 상반절에 나오는 '무덤들이 열리며'를 51절과 연결해서 한 문장으로 볼 수도 있고, 52절 하반절과 53절을 한 문장으로 볼 수도 있다.[9] 이렇게 되면 마태복음 27장 51-53절을 다음과 같이 번역할 수 있다.

> "이에 성소 휘장이 위로부터 아래까지 찢어져 둘이 되고 땅이 진동하며 바위가 터지고 무덤들이 열렸다. 예수의 부활 후에 자던 성도의 몸이 많이 일어나고, 그들이 무덤에서 나와서 거룩한 성에 들어가 많은 사람에게 보이니라."

웬함의 번역대로라면, 죽은 성도의 부활은 십자가 사건이 아니라 예수님의 부활 사건 때에 일어났다. 그렇다면 마태복음의 기자는 십자가 사건을 서술하는 장면에 왜 성도의 부활을 언급한 것일까? 예수님의 십자가와 부활은 하나의 사건으로, 죽은 사람을 살리는 새 창조의 역사이기 때문이다.[10] 예수님의 십자가를 통해 세상에 오신 하나님은 그분의 부활과 함께 죽은 자를 살리는 새 창조를 행하신다.

이러한 하나님의 임재의 역사는 결국 이방인들이 예수님을 하나님의 아들로 고백하는 생명의 역사로 이어진다. 백부장과 군인들이 예수님을 하나님의 아들로 고백한다(마 27:54). 무덤에서 살아난 자들은 유대인 성도를 가리키는데, 이제 이방인들마저도 예수님을 하나님의 아들로 고백함으로 천국 백성이 된다. 예수님의 십자가와 부활은 유대인과 이방인을 새 창조해서 천국 백성이 되게 한다. 이것이 궁극적으로 마태복음이 지향하는 천국의 모습이고, 제자들이 예수님께 받은 사명이다. 다시 말하면, 모든 민족이 예수님의 제자가 되는 것이다(마 28:18-20).

빈 무덤과 지진

이윽고 예수님의 무덤에도 지진이 일어난다. 하나님이 임재해서 예수님의 죽은 몸을 일으키신 것을 보여 준다. 무덤을 방문한 여인들에게 그리고 마태복음을 읽는 독자들에게 예수님의 부활이 하나님의 임재, 하나님의 능력, 하나님의 역사로 이루어진 것을 알게 한다.

> "안식일이 다 지나고 안식 후 첫날이 되려는 새벽에 막달라 마리아와 다른 마리아가 무덤을 보려고 갔더니 큰 지진이 나며 주의 천사가 하늘로부터 내려와 돌을 굴려 내고 그 위에 앉았는데 그 형상이 번개 같고 그 옷은 눈같이 희거늘"(마 28:1-3).

천사가 하늘로부터 내려왔다는 것은 하나님의 대리자라는 말이다. 천사의 임재는 하나님의 임재를 나타낸다.[11] 물론 지진과 천사의 임재는 일차적으로 무덤의 돌을 굴리는 것과 관계있다. 그럼에도 불구하고 하나님의 임재가 다른 한편으로는 빈 무덤 사건 전체의 중요한 배경이라는 것을 말해 준다. 예수님의 부활이 하나님이 임재해서 역사하신 것과 깊은 관련이 있다는 말이다. 마태복음 28장 6-7절에 나오는 '그가 살아나셨느니라'라는 표현이 이것을 분명하게 보여 준다. 헬라어 원문에는 수동태로 되어 있다. 예수님이 하나님에 의해 살아나셨다는 뜻이다.[12] 하나님이 임재해서 역사하심으로 예수님이 살아나셨다는 의미다. 마태복음은 예수님의 부활을 한결같이 수동태를 사용해서 표현한다(마 16:21, 17:9, 23, 20:19, 26:32 참조).* 이것은 부활에 대한 초대 교회의 고백들과 일치하는데, 초대 교회는 예수님의 부활을 하나님의 일으키심으로 자주 고백했다.

> "이 예수를 하나님이 살리신지라 우리가 다 이 일에 증인이로다"(행 2:32; 이 외에 행 3:15, 4:10, 13:30; 롬 10:9).

예수님의 부활은 그분이 스스로 살아나신 것이지만, 동시에 하나님의 역사다. 이러한 예수님의 부활은 하나님의 아들

---

* 수동태의 용법에 대한 자세한 논의는 다음 장에 나오는 마가복음 빈 무덤 사건에서 구체적으로 다뤄질 것이다.

로서 그의 신분이 하나님에 의해 공개적으로 인정받은 것을 나타낸다. 또한 그를 믿는 모든 자들의 부활을 보증한다. 부활의 첫 열매로서 모든 죽은 자의 미래를 보여 준다.

그러므로 마태복음은 하나님의 임재가 부활로 귀결된다는 것을 보여 준다. 하나님의 임재가 있는 곳에는 부활이 일어난다. 예수님이 부활하셨듯이, 그를 믿는 자들이 부활한다. 먼저는 영혼이 부활하고, 나중에는 육체까지 부활할 것이다. 이러한 사람의 부활을 위해 예수님의 십자가와 부활이 결정적인 역할을 한다. 예수님의 십자가를 통해 하나님의 임재가 일어나고 사람들의 죄가 용서 받는다. 예수님의 부활처럼 하나님의 임재는 사람들을 부활시킬 것이다. 유대인이든 이방인이든 예수 그리스도 안에서 하나님의 능력 있는 역사가 사람을 바꿀 것이다.

하나님의 임재와 두려운 자의 기쁨

본문에는 또한 여인들이 기뻐하는 모습이 나온다. 마가복음에는 여인들이 떨며 무서워했다는 표현만 나오는데, 마태복음은 여인들의 무서움과 함께 기쁨이 있었음을 언급한다.

"그 여자들이 무서움과 큰 기쁨으로 빨리 무덤을 떠나 제자들에게 알리려고 달음질할새"(마 28:8).

마태복음이 기쁨을 강조하는 것은 이뿐만이 아니다. 천사들도, 예수님도 여인들에게 계속해서 '무서워하지 말라'고 한다(마 28:5, 10). 이 작은 단락에 '무서워하다'라는 말이 명사 혹은 동사의 형태로 네 번이나 등장한다(마 28:1-10). 예수님은 공생애 기간에 제자들에게 '무서워 말라'(두려워 말라)라고 여러 차례 말씀하셨다. 세상에 의해 미움을 받고 박해를 당할지라도 무서워 말라고 하신다(마 10:26, 31). 왜냐하면 하나님께서는 참새가 떨어지는 것까지 주관하는 전능하신 분이고, 머리털까지 세는 전지하신 분이기 때문이다. 그러므로 우리는 사람 앞에서 예수님을 시인하며 담대히 전해야 한다(마 10:32). 오히려 세상의 박해가 올 때 기뻐해야 한다. 왜냐하면 하늘에서 상이 클 것이기 때문이다(마 5:11-12).

또한 예수님은 풍랑이 이는 바다를 걸어오면서 무서워하는 제자들에게 무서워하지 말라고 하신다(마 14:22-33). 하나님의 아들의 위엄을 보이며 바람을 그치게 하신다. 마침내 제자들은 예수님을 하나님의 아들이라 고백하며 경배한다. 무서워하지 말라는 말씀은 또한 변화 산 사건에도 나온다(마 17:1-8). 변화 산에서 구름이 덮이고 하늘에서 소리가 나자 제자들은 심히 두려워하며 엎드린다. 그러나 예수님은 그들을 만지며 두려워하지 말라고 하신다. 이와 같이 하나님의 영광, 하나님의 아들의 영광이 보일 때 제자들은 무서워한다. 하지만 예수님은 무서워하지 말라고 하신다. 예수님의 임재, 하나님의 임재는 무서움을 기쁨으로 바꾼다.

이런 맥락에서 무덤 앞에서 예수님의 부활을 들은 여인들에게도 기쁨이 있었다. 특히 마태복음 28장 9절에서 부활하신 예수님이 여인들에게 '평안하냐' 하고 인사하시는데, 원래 헬라어 인사를 직역하면 '기뻐하라'(카이레테)다. 물론 이것은 로마 시대의 일반적인 인사다. 하지만 기쁨과 무서움의 문맥에서 의미 있는 표현이 아닐 수 없다.

반대로 무덤을 지키던 병사들에게는 무서움만이 있었다. 그들은 무서워 떨며 죽은 사람같이 되었다(마 28:4). 그들에게는 기쁨이 있을 리가 만무하다. 여인들의 모습과 정반대다. 하나님의 임재는 예수님을 믿는 자에게는 기쁨을, 그를 거부하는 자에게는 무서움을 가져온다. 다른 한편, 이 부분의 마태복음 표현이 흥미롭다. 하나님의 임재는 백부장을 살리고, 죽은 시체를 일으키며, 예수님의 부활을 가져왔다. 그런데 살아 있던 경비병들은 죽은 사람처럼 되었다(마 28:4). 하나님의 임재는 죽은 사람은 살리고, 산 사람은 죽은 사람처럼 만든다.

앞서 구약에 나오는 지진의 이중적 의미를 살펴보았다. 또한 하나님의 임재의 표시로서 성전 휘장이 찢어지는 것의 이중적 의미도 살펴보았다. 악인에게 하나님의 임재는 심판이다. 죄에 진노하는 하나님께서 악인을 벌하기 위해 찾아오신다. 그러나 하나님을 경외하는 의인에게 하나님의 임재는 구원이다. 고난 가운데 있는 의인을 하나님께서 찾아와 돌보신다. 이것이 무덤가에 있던 군인들과 여인들에게 하나님의 임재, 예수님의 부활이 가져온 이중적인 결과다. 세상의 마지막도 그러할 것이다. 예수님의 재림은 성도에게 영원한 위로가 될 것이다. 그러나 예수님을 거부한 세상은 영원히 저주를 받을 것이다.

그러므로 마태복음을 읽는 독자들은 고난 속에서도 기쁨으로 제자의 길을 걸어갈 수 있다. 왜냐하면 하나님이 함께하셔서 그들을 부활하신 예수님께로 인도하기 때문이다. 부활하신 예수님이 세상 끝 날까지 성령으로 그들과 항상 함께하시기 때문이다. 부활하신 예수님이 그들 안에 있는 두려움을 몰아내고 기쁨을 주시기 때문이다. 부활하신 예수님처럼 그들도 장차 부활할 것이기 때문이다. 예수님의 제자로 사는 길은 결코 쉽지 않다. 또한 예수님의 명령을 따라 사람들에게 복음을 전해 그들을 예수님의 제자로 만드는 것도 쉽지 않다. 이 길은 좁은 길이요, 불편한 길이다(마 7:14). 그러나 이 길은 또한 기뿜의 길이다. 임마누엘의 길이다. 하나님과 함께, 부활하신 예수님과 함께 가는 길이다.

여인들이 예수님을 만났을 때도 자신들의 상황이 금방 나아지거나 달라진 것은 아니었다. 자신들을 억누르던 로마 제국이 무너진 것도 아니었고, 자신들을 박해하던 대제사장들과 바리새인들이 심판 받은 것도 아니었다. 그러나 하나님의 임재 그리고 예수님의 부활 때문에 기뻐할 수 있었다. 앞으로 부활하신 예수님이 하실 일을 기대하며 기뻐할 수 있었다.

하나님의 임재와 예배의 회복

마태복음 빈 무덤 사건에는 또한 여인들이 예수님께 경배한 이야기가 나온다(마 28:9). 다른 복음서와 달리, 마태복음은 여인들의 경배를 언급한다.

"예수께서 그들을 만나 이르시되 평안하냐 하시거늘 여자들이 나아가 그 발을 붙잡고 경배하니"(마 28:9).

'경배하다'로 번역된 헬라어 '프로스퀴네오'는 '경배하다' 혹은 '엎드려 절하다'의 뜻이 있다. 마태복음에서는 이 단어가 때로는 '경배하다'(마 4:9-10)로, 혹은 '엎드려 절하다'(마 8:2, 9:18)로 사용되었다. 그런데 우리가 주의 깊게 봐야 할 것은, 예수님의 탄생 이야기에도 '경배'가 주요 이슈로 나온다는 것이다. 마태복음 2장을 보면 동방 박사가 아기 예수께 경배한다.

"집에 들어가 아기와 그의 어머니 마리아가 함께 있는 것을 보고 엎드려 아기께 경배하고 보배합을 열어 황금과 유향과 몰약을 예물로 드리니라"(마 2:11).

마태복음에서 '경배하다'를 뜻하는 '프로스퀴네오'가 가장 많이 등장하는 단락이다(마 2:2, 8, 11). 예루살렘을 찾아온 동방 박사들은 유대인의 왕에게 경배하기 원한다고 헤롯에게 말한다. 그리고 베들레헴에 있는 아기 예수를 만나고, 황금과 유향과 몰약을 바치며 경배한다. 따라서 마태복음은 수미상관 구조를 통해 경배를 강조한다고 볼 수 있다. 아기 예수에 대한 경배로 시작해서 부활하신 예수님에 대한 경배로 마친다. 동방 박사의 경배에서 시작해서 여인들의 경배로 마친다. 물론 여인들의 경배에 이어 예수님의 열한 제자가 경배한다(마 28:17). 그런데 이러한 수미상관 구조가 시사하는 구원 역사적 의미가 적지 않다. 여기에는 마태복음이 드러내려는 교회론적, 선교론적 의미가 들어 있다.

마태복음이 지향하는 교회 공동체의 모습은 여인과 이방인까지 포함하는 우주적인 공동체다. 예수 그리스도를 중심으로 모두 하나 되어 예배하는 공동체다. 여기에는 어떤 편견이나 차별이 없이 그리스도 안에서 연합을 이룬다. 마태복음의 첫 수신자는 유대 그리스도인들이었다. 그들은 하나 되는 연합 공동체에 대한 비전을 얻는다.

마태복음이 지향하는 선교론적 의미도 있다. 모든 민족을 제자 삼는 것은 어떤 것인가? 여인과 이방인도 삼위 하나님의 이름으로 세례를 받고, 예수님의 말씀을 배우고 경배하는 것이다. 남성 중심의 유대 그리스도인들에게 아주 분명하게 복음 전파의 범위를 드러낸다. 예수님의 복음이 포함하지 않을 인종이나 계층은 없다는 말이다. 모든 사람이 예수님의 교회의 구성원이 될 수 있고, 복음 전파의 대상이 될 수 있다. 따라서 마태복음을 듣는 성도들은 자기들 중심의 폐쇄적인 공동체가 아니라, 이방인과 여인까지 포함하는 열린 예배 공동체를 지향해야 한다.

요컨대, 하나님이 임재하시고 부활하신 예수님이 전파되는 곳에는 예배의 회복이 일어난다. 사람들이 예수님을 하나님의 아들, 그리스도로 믿고 예배한다. 자기를 높이던 사람들이 예수님을 높이고 찬양한다. 겸손하게 서로를 받아들이며 하나님의 아들만 높임을 받는 하나 되는 예배 공동체를 이룬다. 그 예배로부터 흘러나오는 신령한 은혜로 세상을 담대하게 살아간다.

결론

'임마누엘'이라는 말은 예수님의 탄생 본문에 딱 한 번 등장하지만, 사실 임마누엘은 마태복음을 관통하는 주요 주제다. 하나님의 임재 모티프가 예수님의 탄생, 십자가, 부활, 승천에 지속적으로 등장한다. 십자가와 부활이 하나님의 임재 모티프와 관련 있다는 가장 뚜렷한 증거는 지진이다. 마태복음은 예수님의 십자가와 부활에 지진이 있었다는 것을 기록한다. 지진은 구약에서 하나님이 이스라엘 중에 임재하실 때 나타난 현상이다. 그의 백성 중에 임재해서 말씀하시고, 인도하셨다. 이러한 하나님의 임재로서의 지진 현상이 십자가와 부활에 일어났다.

마태복음 빈 무덤 사건에 따르면, 하나님이 임재하시는 곳에는 부활이 일어난다. 예수님이 부활하셨듯이, 예수님을 믿는 사람도 부활한다. 십자가를 통해 죄 용서받은 사람이 예수님의 부활을 따라 살아난다. 또한 사람들이 부활하신 예수님을 만나 기쁨을 얻는다. 부활하신 예수님이 함께하며 두려움을 몰아내신다. 그리고 부활하신 예수님 안에서 예배가 회복된다. 모든 사람에게 예수님이 전파되고, 그들에 의해 예수님이 하나님의 아들로서 경배를 받으신다. 그들이 예배의 은혜로 세상을 살아가게 하신다. 이와 같이 하나님의 임재는 우리를 예수님께로 이끌어서 부활과 기쁨과 예배가 일어나게 한다.

묵상과 적용

개그맨 유재석과 조세호가 진행하는 〈유퀴즈 온 더 블록〉이라는 프로그램에 영화배우 신하균이 나왔다. 인터뷰 말미에 그날 출연한 모든 출연자에게 공통으로 하는 질문을 던졌다. "만약 신(神)이 당신의 옆집에 산다면, 그래서 그에게 딱 한 가지만 부탁할 수 있다면, 당신은 무엇을 부탁하겠는가?" 어떤 사람은 자신의 문제를 해결해 달라고 할 것이다. 다른 사람은 자기에게 필요한 것을 달라고 할 것이다. 그런데 신하균이 참 재치 있게 대답한다. "이사 가지 마세요!" 신이 이사 가지 않고 계속 자기 곁에 있어 주기를 부탁하겠다고 한다. 그러면 언제든지 그 신에게 찾아갈 수 있고, 다른 모든 것을 부탁할 수 있기 때문이다. 신하균이 정곡을 찔렀다.

마태복음이 강조하는 임마누엘이라는 주제도 어쩌면 이와

비슷한 이유이지 않을까? 하나님이 우리와 함께하시는 것이 가장 중요하다. 하나님이 함께하시면 모든 것을 가진 것이기 때문이다. 그러면 어떤 문제가 와도 염려가 없다. 어떤 어려움이 있어도 이길 수 있다.

> "온갖 좋은 은사와 온전한 선물이 다 위로부터 빛들의 아버지께로부터 내려오나니 그는 변함도 없으시고 회전하는 그림자도 없으시니라"(약 1:17).

야고보는 하나님 아버지께 온갖 좋은 은사와 선물이 있다고 한다. 그분은 변함없는, 그래서 우리가 믿고 의지할 수 있는 신실한 아버지이시다. 우리는 그분으로부터 모든 것을 받을 수 있다. 물론 야고보서의 문맥에서 좋은 은사와 선물은 일차적으로 지혜를 가리킨다. 시련을 이길 수 있는 지혜다. 그러나 하나님께 있는 좋은 것이 어디 지혜뿐이겠는가? 모든 것이 하나님께 있다. 따라서 하나님이 있는 자에게는 모든 것이 있다. 최고의 복은 임마누엘, 하나님이 함께하시는 것이다. 마태복음 빈 무덤 사건은 하나님이 우리와 함께하셔서 무엇보다 우리로 예수님을 만나게 하신다고 한다. 하나님은 우리에게 예수님이라는 최고의 선물을 주셔서, 우리로 예수님 때문에 살아나고, 기뻐하고, 예배하게 하신다.

창세기 39장의 요셉 이야기에 보면 흥미로운 대목이 있다 (창 39:1-3, 19-23). 요셉의 상황은 점점 안 좋아지는데, 성경은 그가 형통했다고 한다. 아버지의 귀한 아들에서 애굽의 노예로, 노예에서 죄수로, 계속 열악한 상황 가운데로 들어간다. 그런데 창세기 기자는 그가 형통했다고 한다. 여호와께서 그를 형통하게 하셨다고 한다. 왜냐하면 노예로 있든지 죄수로 있든지, 하나님이 그와 함께하셨기 때문이다.

"여호와께서 요셉과 함께하시므로 그가 형통한 자가 되어 그의 주인 애굽 사람의 집에 있으니"(창 39:2).

"여호와께서 요셉과 함께하시고 그에게 인자를 더하사 간수장에게 은혜를 받게 하시매"(창 39:21).

하나님이 함께하시면 상황을 이긴다. 외로운 상황, 비참한 상황, 억울한 상황을 이긴다. 견딜 수 있고, 평안할 수 있고, 포기하지 않을 수 있다.

일평생 수많은 전투를 치른 다윗은 어떠한가? 성경은 다윗이 그 모든 전투에서 이긴 이유를 한마디로 정리한다. 그것은 만군의 하나님 여호와가 그와 함께하셨기 때문이다. 하나님의 함께하심이 전쟁의 승패를 갈랐다. 아무리 강한 적이라도 하나님이 함께하시면 이길 수 있고, 아무리 보잘것없는 적이라도 하나님이 함께하지 않으시면 패한다. 따라서 다윗이 가장 염원했던 것은 하나님의 함께하심이다. 그리하여 사무엘서든 역대기든, 성경은 다윗의 인생을 다음과 같이 요약한다.

> "만군의 하나님 여호와께서 함께 계시니 다윗이 점점 강성하여 가니라"(삼하 5:10; 대상 11:9).

광야와 같은 세상에서 이기고 싶은가? 하나님의 함께하심을 구하라!

마태복음 빈 무덤 사건에는 이러한 하나님의 함께하심이 부활하신 예수님과 연결된다. 하나님은 우리로 부활하신 예수님을 힘입어 광야와 같은 세상을 이기게 하신다. 부활하신 예수님 안에서 우리의 지친 영혼이 날마다 다시 살아난다. 예수님과 동행하는 기쁨, 예수님처럼 부활할 것이라는 소망이 고통스러운 현실을 견디게 한다. 예수님을 예배하는 자에게 임하는 은혜가 힘든 상황을 헤쳐 나가게 한다. 하나님은 부활하신 예수님을 통해 우리와 함께하신다!

1 구약에서 지진은 주로 어떤 의미였는가?

2 십자가와 부활에 나타난 하나님의 임재의 첫 번째 결과는 생명이 살아나는 것이었다. 구체적으로 설명해 보라.

3 하나님의 임재는 무덤을 지키는 병사와 여인들에게 각각 어떤 결과를 가져왔는가? 이것이 가리키는 의미는 무엇인가?

4 여인들이 부활하신 예수님께 경배한 것은 어떤 구원 역사적 의미가 있는가?

5 요즘 당신의 삶에서 하나님의 임재가 필요한 부분은 어디인가? 혹은 당신 주위에 하나님의 임재가 필요한 부분은 어디인가?

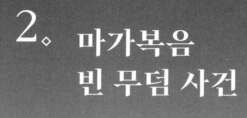

2. 마가복음
빈 무덤 사건

'보이지 않는 고릴라'(The Monkey Business Illusion) 실험에 대해 들어 본 적이 있는가? 시몬스(D. Simons)와 차브리스(C. Chabris)가 1990년대에 인간 심리를 연구한 실험이다. 먼저 흰옷을 입은 세 명과 검은 옷을 입은 세 명에게 각각 같은 색깔끼리 서로 공을 주고받게 한다. 이어서 실험 대상자들로 하여금 오직 흰옷을 입은 사람들이 1분 동안 공을 주고받는 횟수를 세게 한다. 이때 중간에 고릴라 옷을 입은 사람이 무대를 왔다 갔다 한다. 심지어 가슴을 치며 오간다. 그런데 1분 후에 실험 대상자들에게 고릴라를 보았는지 물었을 때, 약 50퍼센트의 사람들은 보지 못했다고 한다. 이 실험을 통해 자신이 보고자 하는 것만 볼 뿐, 실제 일어난 일을 제대로 파악하지 못하는 사람이 많다는 것을 알 수 있다.

신앙의 영역도 이와 비슷하다. 우리가 눈앞의 현실에만 몰두하면, 실제 이 현실을 주관하시는 하나님을 좀처럼 보지 못할 수 있다. 성경을 볼 때도 다른 부수적인 것에 신경 쓰다 보면, 정작 본문이 말하는 하나님을 깨닫지 못할 수 있다.

마가복음 빈 무덤 사건은 모든 일의 배후에 하나님이 계시다고 한다. 예수님의 부활도, 무덤 주위에서 벌어진 기적이나 여인들의 헌신도 하나님과 관련이 있다고 한다. 그리하여 일상에서 신자가 하나님을 바라보도록 권면한다. 그러면 마가복음 빈 무덤 사건이 이를 어떻게 나타내는지 자세히 살펴보자.

마가복음의 기원에 대해서는 여러 가지 학설이 있지만, 초대 교회의 여러 문헌은 마가 요한을 기자로 지목한다. 마가는 사도 베드로의 수행원이었으며, 그의 복음서는 베드로의 설교에 기초한다고 본다. 이에 대해 교부 알렉산드리아의 클레멘트(Clement of Alexandria, A.D. 150-215)는 다음과 같이 언급한다.

> 베드로가 로마에서 공개적으로 말씀을 전하고 성령으로 복음을 말할 때에, 거기 있던 많은 사람들이 마가에게 (베드로가) 말한 것들을 기록해 달라고 요청하였다. 왜냐하면 그는 오랫동안 베드로를 따라다녔으며 베드로가 말한 것들을 기억하였기 때문이다. 그가 (그렇게) 하였을 때, 그는 그 복음서를 그에게 요청한 사람들에게 주었다(유세비우스, 《교회사》, 6.14.6-7).[1]

따라서 마가복음에서 우리는 사도 베드로가 전해 준 예수님의 복음을 들을 수 있다. 베드로는 60년대 초반에 로마에서 사역했으며, 마가복음은 대략 64년경에 기록되었을 것으로 추정된다.[2] 베드로는 아마도 네로 황제에 의한 박해가 본격적으로 시작되기 직전에 로마에서 사역했던 것 같다. 마가복음은 그래서 특히 고난에 대한 강조를 많이 하며, 그러한 고난 가운데서 우리가 어떻게 하나님/예수님을 주목해야 하는지 권면한다. 마가복음에는 베드로와 제자들의 실패담도 많이 나온다. 그들의 답답한 모습을 적나라하게 소개한다. 그리하여 실망스러운 인간을 바라보지 말고, 그런 인생을 포기하지 않고 인도하시는 하나님/예수님께 소망을 두라고 한다.

그렇다면 이렇게 성도가 주목해야 할 하나님은 빈 무덤 사건에서 어떻게 묘사되고 있을까? 이를 위해 다른 성경에 나오는 베드로의 메시지도 함께 살펴볼 것이다. 사도행전에 나오는 베드로의 이야기와 베드로전서를 비교해 가며 하나님을 주목하는 신앙에 대해 살펴볼 것이다.

하나님에 의해 굴려지다

신적 수동태
마가복음 빈 무덤 사건에는 '하나님'이라는 단어가 등장하지 않지만, 신적 수동태를 통해 하나님의 일하심이 드러난다. '신적 수동태'란 동사의 행위자가 하나님인데, 수동태 형식을 통해 하나님을 생략하는 표현 기법이다. 예레미야스(Jeremias) 라는 신약학자에 의하면, 이러한 신적 수동태를 통해 하나님 을 생략하는 것은 좀처럼 하나님 언급을 꺼리는 유대 전통에 서 나왔다.[3] 그러나 윌리스(Wallace)는 다른 주장을 한다.[4] 왜 냐하면 신약성경에는 하나님을 주어로 하는 동사도 많기 때 문이다. 윌리스는, 신적 수동태는 유대인의 신앙 고백에서 나 온 것이 아니라, 기자의 스타일의 문제라고 한다. 누구나 하 나님이 행위자라는 것을 알기 때문에 굳이 반복해서 자주 쓸 필요가 없다는 것이다.

예레미야스의 말이 맞든 윌리스의 말이 맞든, 신적 수동태 는 하나님이라는 표현은 없지만 하나님에 의해서 행해진 것 을 나타낸다. 마가복음은 앞서 이런 신적 수동태를 계속해서 사용한다(막 3:29, 4:11, 24, 9:2, 10:40, 13:13 참조).

"엿새 후에 예수께서 베드로와 야고보와 요한을 데리시고 따로 높은 산에 올라가셨더니 그들 앞에서 **변형되사**"(막 9:2).

"내 좌우편에 앉는 것은 내가 줄 것이 아니라 누구를 위하여 **준 비되었든지** 그들이 얻을 것이니라"(막 10:40).

하나님이라는 말은 없지만, 하나님께서 예수님을 영광스
럽게 변형시키셨다는 뜻이다(막 9:2). 또한 하나님께서 예수님
의 좌우편에 앉는 영광을 준비하신다는 말이다(막 10:40). 이러
한 신적 수동태가 빈 무덤 사건에 나온다.

여인들 앞의 돌

마가복음 빈 무덤 사건에는 무덤을 막고 있던 돌이 굴려진
장면이 나온다. 이스라엘의 무덤은 주로 굴이었다. 굴을 파서
그곳에 시체를 안장했다. 아리마대 요셉은 예수님의 시신을
깨끗한 세마포에 싸서 무덤에 넣고 돌로 그곳을 막았다. 대
제사장들과 바리새인들이 빌라도의 허락을 받아 무덤의 돌을
인봉하고 경비병들로 하여금 지키게 했다(마 27:66 참조). 그런
데 안식 후 첫날 여인들이 무덤을 방문했을 때, 무덤을 막고
있던 큰 돌이 이미 굴려진 것을 발견한다.

> "[여인들이] 서로 말하되 누가 우리를 위하여 무덤 문에서 돌을 굴
> 려 주리요 하더니 눈을 들어 본즉 벌써 돌이 **굴려져 있는데** 그
> 돌이 심히 크더라"(막 16:3-4).

하나님께서 천사를 통해 무덤을 막고 있는 큰 돌을 굴리신
것이다. '굴리다'는 신적 수동태 완료형이 되어, 하나님께서

이미 그 돌을 굴리셨음을 나타낸다.[5]

여기서 오해하지 말아야 한다. 무덤을 막고 있던 심히 큰 돌은 누구를 위해 굴려진 것일까? 예수님을 위해서가 아니다. 예수님이 무덤에서 나오기 쉽도록 하기 위해 하나님께서 돌을 굴리신 것이 아니다. 예수님은 부활해서 그 몸이 이미 영화롭게 되셨다. 물리적인 벽을 그대로 통과하신다. 요한복음에 따르면, 예수님이 부활하신 날 그의 제자들은 유대인들을 두려워해 그들이 모인 곳의 모든 문들을 잠갔다. 그런데 예수님은 그 문들을 통과해서 그들에게 나타나셨다(요 20:19). 또한 누가복음에 따르면, 예수님은 엠마오로 향하는 두 제자에게 자유롭게 나타났다가 사라지셨다(눅 24:31, 36). 따라서 무덤을 막고 있던 돌은 예수님께 전혀 장애가 되지 않았다. 하나님께서 여인들을 위해 무덤을 막고 있던 돌을 굴리신 것이다.[6] 여인들이 예수님이 부활하신 것을 목격할 수 있도록 도우셨다. 빈 무덤을 보고 예수님이 살아나셨음을 확인하게 하셨다.

요컨대, 하나님께서는 예수님의 부활 현장과 여인들 사이를 막고 있던 돌을 치우셨다. 여인들이 부활하신 예수님을 확인하는 데 방해되는 장애물을 치우신 것이다. 장애물이 심히 클지라도 하나님께서는 전능하신 그의 능력으로 옮겨 주셨다.

베드로 앞의 돌

빈 무덤 사건을 마가에게 들려주는 베드로의 일생에도 이와 같이 장애물이 치워진 경험이 있었다. 사도행전 12장에 보면 헤롯 왕이 야고보를 죽이고 이제 베드로까지 죽이려고 하던 때에 하나님께서 역사하셨다(행 12:1-19). 베드로를 죽이기로 한 전날 밤에 하나님께서 천사를 보내어 베드로를 묶고 있던 쇠사슬을 벗기셨다. 그리고 감옥을 지키던 파수병들 앞을 통과하게 하셨다. 마침내 시내로 통하는 쇠문이 열리고, 베드로는 감옥을 완전히 벗어날 수 있었다(행 12:10).

베드로에게 이런 경험은 벌써 두 번째다. 앞서 대제사장과 사두개인들이 시기가 가득해 베드로와 사도들을 잡아 가두었다(행 5:17-21). 그러나 하나님의 천사가 밤에 옥문을 열어 그들로 나오게 했다. 그들은 그길로 성전에 들어가 백성을 가르쳤다. 베드로에게 자신의 삶과 사역을 막고 있던 장애물이 제거되는 경험은 일상이었다. 하나님께서 장애물을 제거해 주시므로 베드로는 일평생 담대하게 하나님 나라의 복음을 전할 수 있었다.

베드로는 또한 자신이 직접 목격한 예수님의 공생애 사역도 증언한다. 예수님의 공생애 사역 중 이렇게 사람들의 장애물이 치워진 예들을 증언한다. 다른 복음서와 달리 마가복음에는 앞을 보지 못하는 사람이 눈을 뜬 사건이 두 번이나 기록된다. 여리고에서 바디매오가 예수님에 의해 눈이 열리고 예수님을 따르는 제자가 된다(막 10:46-52). 이러한 바디매오 이야기는 마태복음 20장 29-34절과 누가복음 18장 35-43절에도 나온다. 그런데 마가복음에는 벳새다에서의 이야기가 또 나온다(막 8:22-26). 예수님은 앞을 보지 못하는 사람들의 눈을 열어 보게 하신다. 앞을 보지 못하는 사람과 예수님 사이를 가로막던 벽이 무너진 것이다. 이와 같이, 예수님/하나님은 우리 앞의 장애물을 제거하신다. 막힌 담을 헐고, 막힌 돌을 굴리고, 막힌 문을 여신다.

앞서 언급한 바와 같이, 빈 무덤 사건에는 하나님이라는 말이 등장하지 않는다. 그러나 신적 수동태를 통해 '하나님에 의해서' 돌이 굴려졌다는 것을 알 수 있다. 성도의 인생은 바로 이와 같이 '하나님에 의해서' 되는 인생이다. 하나님에 의해서 살아가는 수동태 인생이다. 하나님에 의해서 우리를 막고 있던 장애물들이 치워질 것이다.

하나님에 의해서 인정받다

그가 살아나셨다

천사(청년)가 여인들에게 예수님의 부활 소식을 전한다. 그리고 부활의 증거로 빈 무덤을 보여 준다.

"청년이 이르되 놀라지 말라 너희가 십자가에 못 박히신 나사렛 예수를 찾는구나 그가 **살아나셨고** 여기 계시지 아니하니라 보라 그를 두었던 곳이니라"(막 16:6).

위의 말씀은 우리말 번역도 그렇지만("그가 살아나셨고"), 대부분의 영어 성경도 능동형으로 번역한다("He has risen"). 그러나 헬라어 '에게이로' 자체는 수동태로 되어 있다. 따라서 수동태의 특징을 살려 "그가 살리심을 받았고"로 번역하는 학자들도 있다.[7] 하나님에 의해 살리심을 받았다는 말이다. 이 경우 앞서 이야기한 신적 수동태가 될 수 있다. 즉, 하나님께서 그를 살리셨다는 말이다. 이것이 예수님의 부활이다. 이런 의미에서 다른 신약 본문은 하나님을 주어로 해서 하나님이 예수님을 살리셨다고 한다. 사도행전을 보면 '에게이로'의 능동형을 사용해서 베드로도, 바울도 하나님께서 예수님을 살리셨다고 한다(행 3:15, 4:10, 5:30, 10:40, 13:30, 37 참조). 마가에게 예수님의 이야기를 전해 주었던 베드로도 자신의 편지에서 이점을 분명히 한다(벧전 1:21).

다른 한편, 이 구절에 나오는 '에게이로'의 수동태는 신적 수동태가 아니라 능동의 의미를 나타내는 수동태로 볼 수도 있다.[8] 왜냐하면 마가복음의 다른 단락에서 '에게이로'의 수동형은 능동의 의미를 나타내기 때문이다(막 2:12, 4:27, 13:8). 이런 의미에서 마가복음은 능동형 동사 '아니스테미'(일어나다)를 사용해 예수님이 살아나신 것을 강조하기도 한다(막 8:31, 9:9, 31, 10:34 참조).[9] 예수님은 죽음을 이기고 부활함으로 자신의 무죄를 공개적으로 드러내셨다. 자신이 옳다는 것을 만천하에 보여 주셨다. 자신이 하나님의 아들, 그리스도임을 분명히 나타내셨다.

다만 프랑스의 지적을 눈여겨볼 필요가 있다.[10] '에게이로'의 수동형이 능동의 의미를 나타낼지라도, 여기에는 모종의 암시가 있을 수 있다. '아니스테미' 대신에 '에게이로' 수동형이 쓰인 것은 하나님에 의한 인정받음의 의미가 들어 있을 수 있다. 하나님께서 예수님을 신실한 메시아로 인정해 주셨다는 말이다. 예수님의 부활은 그가 살아나신 것이지만, 동시에 하나님의 능력에 의한 부활이다.[11] 하나님께서 예수님을 살리고 그의 아들 됨을 공개적으로 인정하며 천명해 주신 것이다.

요컨대, 부활은 하나님이 예수님을 살리신 것인 동시에 예수님이 살아나신 것이다. 예수님이 하나님의 아들이라는 것을 스스로 드러내시는 동시에 하나님에 의해 그분의 아들로 인정받으신 사건이다. 여기에 대해 다음 단락에서 좀 더 자세히 살펴보자.

예수님의 증명, 하나님의 인정

예수님의 부활은 세상의 정죄에 대한 하나님과 예수님의 공개적인 뒤집기다. 예수님의 부활은 그의 옳음이 증명되는 사건이다. 세상은 예수님을 불의하다고 비난하며, 거짓 메시아라고 정죄했다. 그리하여 예수님을 고문하고 죽였다. 그들은 이중으로 재판을 했다. 먼저 대제사장들과 장로들과 서기관들은 예수님을 체포해 산헤드린 공의회에서 재판을 했다(막 14:43-65). 그러나 그들의 재판은 불법이었다. 한밤중에 재판하는 것 자체가 불법이었으며, 심지어 거짓 증인을 내세웠다. 따라서 증인들의 증언이 서로 일치하지 않은 것은 너무도 당연했다. 그럼에도 불구하고 그들은 예수님을 구타하며 사형에 해당하는 자로 정죄했다(막 14:64-65). 그들은 예수님을 결박해 빌라도에게 넘겼다(막 15:1).

빌라도도 불의하게 재판을 한 것은 마찬가지였다. 그는 대제사장들이 명확한 증거도 없이 시기로 예수님을 넘겨 준 것을 알고 있었다(막 15:10). 그럼에도 불구하고 대제사장들과 그들에게 미혹당한 무리에게 만족을 주고자 했다. 그래서 그들이 원하는 대로 바라바는 풀어 주고 예수님은 십자가에 못 박게 했다(막 15:15). 예수님은 갖은 모욕과 수치를 당하며 고문을 받으셨다. 심지어 십자가에 달리셨을 때도 지나가는 자들이 "네가 너를 구원해 보라"고 조롱했다. 대제사장들과 서기관들도 그리고 함께 십자가에 못 박힌 자들도 예수님을 희롱하고 욕했다(막 15:21-32). 마침내 예수님은 사람들의 모욕과 조롱 속에서 비참하게 운명하셨다(막 15:33-37).

이와 같이 예수님은 유대 재판에서도 그리고 로마 재판에서도 모함을 받고, 억울하게 정죄당하셨다. 유대인과 로마인들이 서로 공조해서 예수님을 재판하고 죽였다. 그러나 부활은 이 모든 것을 역전시켰다. 하나님께서 그들의 재판을 뒤집으신 것이다. 예수님을 살려서 그가 옳았다고 공개적으로 선언하셨다(딤전 3:16). 그들의 정죄가 틀렸고, 예수님의 신분과 사역이 사실이라고 인정해 주셨다. 하나님께서 세상의 재판을 무효로 만드셨다. 세상의 재판이 하나님의 재판에 의해 무력화되었다. 다른 한편, 예수님 스스로 죽음을 이기고 자신의 의로움을 공개적으로 드러내셨다. 세상이 틀렸고 자신이 옳다는 것을 보여 주셨다. 그가 하셨던 말씀이 사실이었고, 하나님의 아들로서 그의 신분이 확실하다는 것을 나타내셨다. 그래서 그분은 우리가 믿고 신뢰할 수 있는 하나님의 아들, 그리스도라는 것을 분명히 하셨다.

바울은 예수님이 성령으로 부활하셨고, 부활로 말미암아 하나님의 아들로 세움을 입었다고 한다.[12]

"그의 아들에 관하여 말하면 육신으로는 다윗의 혈통에서 나셨고 성결의 영으로는 죽은 자들 가운데서 부활하사 능력으로 하나님의 아들로 선포되셨으니 곧 우리 주 예수 그리스도시니라"(롬 1:3-4).

예수님은 부활 이전에도 하나님의 아들이셨다. 그런데 부활을 통해 그의 영광과 능력이 드러났고, 만방을 다스리는 통치자로 세움을 입었다. 유대인들은 그를 통치자로 인정하지 않았다. 자신을 하나님의 아들로 드러내신 예수님을 신성을 모독한다고 정죄하며 죽였다. 그러나 하나님께서 그를 인정하고 당신의 아들로 세워 주셨다. 온 세상을 다스리는 구원자로, 주와 그리스도로 삼아 주셨다(행 2:36).

성도의 미래

예수님의 부활은 성도의 부활을 보증한다. 예수님처럼 성도도 부활할 것이다. 부활을 통해 하나님의 자녀로서의 신분이 공개적으로 드러날 것이다. 그러나 스스로 부활하신 예수님과 달리, 성도의 부활은 오직 하나님에 의해서 이루어진다. 즉, 하나님께서 성도를 살리실 것이다. 성도의 영혼을 이미 살리신 하나님은 마지막 날 그들의 육체도 살리셔서 그들의 옳음을 인정하고 증명해 주실 것이다. 예수님을 정죄하고 성도를 미워한 세상을 심판하실 것이다. 따라서 성도는 세상의 비판이나 박해에 좌절하지 말고, 하나님의 인정을 바라고 살아야 한다.

사도행전에 보면 사도들이 재판받는 장면이 종종 나온다. 베드로와 요한을 비롯한 사도들이 예루살렘에서 복음을 전할 때 산헤드린 공의회가 이들을 체포했다(행 4:1-3).* 그들은 사도들이 예수님의 부활 때문에 죽은 자들이 부활할 것이라고 가르치는 것을 싫어해서 그들을 잡아 심문했다(행 4:5-22). 베드로와 요한은 담대하게 예수님의 죽음과 부활 그리고 사람의 구원에 대해 공회 앞에서 변론했다. 산헤드린은 그들의 담대함과 논리에 무척 당황했지만, 강제로 그들을 억압했다. 부활의 복음이 더 이상 민간에 퍼지지 못하도록 사도들을 위협했다. 예수님의 이름을 아무에게도 말하지 말라고 경고했다. 그러나 이런 불의한 재판에 굴하지 않고, 사도들은 부활을 소망하며 담대히 복음을 전했다.

이 자리에 함께 있었던 사도 요한은 나중에 요한복음을 기록하면서 예수님이 살아 계실 때 이런 불의한 재판의 상황을 미리 제자들에게 일러 주셨음을 기록한다. 예수님의 고별 강화에 다음과 같은 내용이 나온다.

---

* "산헤드린 공의회는 예수님 당시에 로마제국으로부터 자치권을 받아, 유대의 종교적, 행정적 문제를 결정하고 재판하는 최고 의사 결정 기구였다. 지방에도 약 23명으로 구성된 소규모 단위의 산헤드린이 있었으나, 예루살렘에는 71명의 회원(주로 사두개인들과 바리새인들)으로 구성된 최고 의결 산헤드린 (Great Sanhedrin)이 있었고, 의장은 대제사장이 맡았다." 권해생, 《요한복음》, 확대개정판(서울: 총회출판국, 2021), 143.

"내가 이것을 너희에게 이름은 너희로 실족하지 않게 하려 함이니 사람들이 너희를 출교할 뿐 아니라 때가 이르면 무릇 너희를 죽이는 자가 생각하기를 이것이 하나님을 섬기는 일이라 하리라"(요 16:1-2).

예수님은 이러한 유대인들의 과격하면서도 불의한 재판에서 성도들이 실족하지 않기를 바라셨다. 그래서 그들에게 보혜사 성령을 보내서 성도를 도와주게 하겠다고 하신다(요 16:7). 보혜사 성령이 와서 세상의 그릇된 재판을 책망하며, 성도를 위로하고 격려할 것이라 하신다. 이러한 세상을 향한 성령의 책망은 세상에 대한 최후 심판의 전주곡이다.[13] 성도를 박해한 세상은 마지막에 하나님의 재판정에서 심판받을 것이고, 성도는 부활해서 옳다 인정함을 받을 것이다.

이런 이유로 사도 베드로는 자신의 편지에서 고난당하는 성도에게 기뻐하라고 한다. 예수님이 나타나실 때 우리는 칭찬과 영광과 존귀를 얻을 것이기 때문이다(벧전 1:7). 그날에 우리는 즐거워하고 기뻐하게 될 것이다(벧전 4:13). 그리고 그러한 성도의 마지막 날의 영광을 성령께서 지금 보증해 주신다(벧전 4:14). 나중에 받을 영광을 미리 맛보게 하신다.

예수님의 부활은 두 가지를 의미한다고 볼 수 있다. 물론 부활에 여러 가지 의미가 있지만, 마가복음 빈 무덤 사건에서 우리는 특히 두 가지 의의를 말할 수 있다. 첫째, 부활은 예수님의 신분과 사역이 공개적으로 드러나고 인정받은 것이다. 유대와 로마의 불의한 재판이 틀렸고 예수님이 옳으셨음이 밝히 드러난 사건이다. 예수님이 하나님의 아들인 그리스도이시며, 그의 복음이 확실한 진리임이 증명된 사건이다. 둘째, 성도의 미래도 이와 같을 것이다. 부활을 통해 하나님의 자녀로서 성도의 신분이 공개적으로 드러날 것이다. 하나님께서 성도의 신분과 삶을 공개적으로 인정해 주실 것이다. 그러므로 성도는 환난과 박해 중에도 낙심하지 말아야 한다. 오직 우리의 옳음이 인정될 성도의 부활, 하나님의 재판정을 바라고 인내해야 한다.

하나님에 의해 쓰임 받다

여인들과 목격자

사복음서는 모두 예수님의 빈 무덤에 찾아간 여인들을 소개한다. 그리고 그 여인들이 예수님의 부활의 첫 번째 목격자라고 한다. 여기에는 그녀들의 믿음이나 충성뿐만 아니라, 또 다른 중요한 의의가 있다. 21세기 독자들의 눈에는 별로 특이

하게 보이지 않겠지만, 1세기 독자들의 눈에는 굉장히 충격적인 장면일 수 있다. 그리스도의 부활과 같은 역사적이며 위대한 사건의 첫 번째 목격자로 여인들이 나오기 때문이다. 당시 고대 근동의 재판에서는 여인들의 증언의 효력이 좀처럼 인정되지 않았다.[14] 따라서 지난 2천 년 동안 기독교의 적대자들이 자주 주장한 것처럼 예수님의 부활이 꾸며 낸 가짜 이야기라면, 복음서가 이렇게 했을 리가 없다. 당시 사람들에게 좀 더 신뢰를 줄 수 있는 남자 증인을 내세우지, 여인들을 증인으로 언급하지 않았을 것이다. 그러나 사복음서 기자들은 여인들을 첫 번째 증인으로 기록하지 않을 수 없었다. 왜냐하면 그들이 실제 부활의 목격자이기 때문이다.[15]

마가복음은 이러한 여인들의 명단을 계속 강조한다. 십자가 장면에도 여인들의 명단이 나오고, 빈 무덤 사건에도 여인들의 명단이 나온다(막 15:40, 47, 16:1). 마가복음에 이렇게 이름이 나열되어 나오는 것은 열두 제자의 명단 외에는 여기가 유일하다(막 3:16-19). 여인들을 목격자로 내세울 만큼 그들이 보고 들은 것은 사실이고, 예수님의 부활은 확실했다.

여인들과 로마 교회

다른 한편, 마가복음의 첫 독자였던 당시 로마 교회 성도들은 여인들을 사용하시는 하나님을 보며 적잖은 위로를 받았을 것이다. 로마 교회는 당시 여인들처럼 사회에서 보잘것없는 위치에 있었다. 천하의 패권을 쥔 거대한 로마 제국에 비해 로마 교회는 초라하기 그지없었다. 생각해 보라. 당시 로마 제국의 수도로서 로마라는 도시는 얼마나 화려하고 웅장했겠는가? 정치와 경제와 문화의 중심이었고, 우람하고 으리으리한 건물들이 즐비했을 것이다. 그에 비해 로마 교회는 작고, 변변치 못한 소수의 사람들로 구성되어 있었다. 기독교에 대한 반감이 사회에 점점 팽배했고, 교회는 언제 위기가 닥칠지 모르는 긴장 속에서 더욱 움츠러들었다. 바로 그때, 그들은 마가복음 빈 무덤 사건을 통해 하나님께서 여인들을 사용하시는 것을 보았다. 세상에서 인정받지 못한 여인들, 무시와 천대를 받는 여인들이 하나님께 쓰임 받는 것을 보았다. 로마 교회는 자신들도 하나님의 손에 붙들린바 되기만 하면 놀라운 일이 일어날 거라는 기대를 할 수 있었을 것이다.

그럼 빈 무덤 사건에 나오는 여인들을 좀 더 자세히 살펴보자. 안식 후 첫날 매우 이른 시간에 무덤을 향해 발을 내딛는 여인들의 마음이 어땠을까? 예수님을 사랑하는 마음이 가득했지만, 사실 대책이 없었다. 예수님의 시신에 바를 향품을 준비해 가고 있지만, 막상 무덤에 들어갈 수 있는 길이 없었다. 그래서 걱정했다.

"[여인들이] 서로 말하되 누가 우리를 위하여 무덤 문에서 돌을 굴려 주리요 하더니"(막 16:3).

여인들은 자신들끼리 이러한 걱정을 나누며 무덤으로 가고 있었다. 그런데 이들을 위해 무덤의 돌이 굴려져 있었다. 손에는 예수님을 위한 향품을, 가슴에는 예수님에 대한 사랑을 가지고 무덤을 향한 여인들에게 하나님의 역사가 일어난 것이다. 마가복음의 첫 번째 수신자인 로마 교회 성도들은 여기서 교훈을 얻는다. 앞이 잘 보이지 않는 캄캄한 상황 속에서도 예수님을 사랑하는 마음으로 나아가도록 격려 받는다. 걱정스러운 상황에서도 주님을 사랑하는 마음으로 충성하도록 도전받는다. 그러한 사랑과 충성으로 살아갈 때, 그들도 하나님께 쓰임 받을 것이라는 확신을 얻는다.

여인들의 이런 모습은 남자 제자들과 비교, 대조된다. 베드로와 야고보와 요한도 예수님께 충성하며 열심히 따라다녔다. 그러나 그들은 영광만을 위해서 충성했다. 십자가 없는 영광만을 바라보았다. 그래서 예수님이 십자가를 지신다고 할 때 베드로는 예수님께 강하게 호소하며 만류했다(막 8:32).[16] 뿐만 아니라, 야고보와 요한은 예수님의 좌우편에 앉는 영광을 요구했다(막 10:35-45). 이러한 남자 제자들과 달리, 여인들은 예수님에 대한 사랑을 품고 십자가까지 그리고 무덤까지 내려간다. 연약한 존재지만 사랑으로 예수님께 나아간다. 바로 이러한 여인들이 예수님의 부활의 위대한 첫 목격자로 쓰임 받는다. 마가복음은 로마 교회가 바로 이러한 자세로 예수님과 복음을 위해 살도록 권면한다. 그래서 하나님께 위대하게 쓰임 받게 한다.

결론

마가복음 빈 무덤 사건에는 '하나님'이 등장하지 않는다. 그러나 신적 수동태가 하나님이 일하셨다는 것을 보여 준다. 무덤을 막고 있던 돌을 굴려 여인들이 예수님의 부활을 확인하게 하셨다. 여인들을 막고 있는 장애물을 하나님이 직접 제거하신 것이다. 뿐만 아니라, 예수님이 부활하셨지만, '에게이로'의 수동형을 사용해서 예수님의 부활에는 하나님의 능력이 역사하셨음을 보여 준다. 예수님의 신분과 사역을 하나님이 인정해 주신 것이다. 또한 여인들은 하나님에 의해 부활의 위대한 증인으로 쓰임 받는다. 주님을 사랑하는 마음으로 무덤을 찾아갔을 때 하나님에 의해 쓰임 받는 수동태의 인생이 된다. 따라서 마가복음 빈 무덤 사건은 하나님의 굴리심, 하나님의 인정, 하나님의 쓰심이 나타나는 하나님 사건이라 할

수 있다. 겉으로는 하나님이 보이지 않지만, 하나님께서 직접
일하신 사건이다.

묵상과 적용

〈슬기로운 의사생활〉이라는 TV 드라마에 이런 에피소드가
있다. 레지던트(전공의)를 마치고 이제 갓 전문의가 된 한 의사
(신현빈 분)가 첫 수술을 집도했는데 생각대로 되지 않았다. 위
급한 상황을 제대로 수습하지 못해서 결국 선배 의사(조정석
분)를 불러 겨우 수술을 끝낼 수 있었다. 수술을 망쳤다고 생
각한 그녀는 사람들 보기 민망하고 자신에게 무척 실망했다.
'나는 과연 앞으로 의사 노릇을 제대로 할 수 있을까? 나는 내
길을 잘 찾은 것일까?' 등등 별의별 생각이 다 들었다. 이를 안
타깝게 여긴 선배 의사가 여러 말로 이 후배를 위로한다. "괜
찮다. 처음에는 다 그렇다. 너 정도면 선방한 것이다. 너는 앞
으로 더 잘할 것이다." 그런데 심한 상실감에 젖어 있는 후배
의사에게는 그 어떤 말도 귀에 들어오지 않았다. 위로가 되지
않았다. 이윽고 후배가 선배에게 말한다. "선배님, 실패한 이
야기를 들려주세요. 지금은 날아다니는 선배님도 처음에는
말도 안 되는 실수도 하고 실패도 했다면 그 이야기를 들려주

세요." 이윽고 선배는 자신과 동료들이 초보 전공의 시절 저지른 어처구니없는 실패들을 늘어놓는다. 그 이야기를 듣고 낙심했던 후배는 마침내 다시 용기를 되찾는다.

마가복음은 베드로가 들려준 실패담을 담고 있다. 베드로가 예수님의 말씀을 전혀 못 알아듣고, 함부로 예수님을 말렸다가 사탄이라는 소리를 들었던 이야기가 나온다. 또한 처음에 그렇게 예수님을 배신하지 않겠다고 큰소리치다가 사람들 앞에서 공개적으로 예수님을 모른다고 부인한 부끄러운 이야기도 있다. 반면 마태복음과 달리 마가복음에는 베드로가 칭찬받은 이야기가 없다. 빌립보 가이사랴에서 예수님을 그리스도로 고백해서 예수님께 "바요나 시몬아 네가 복이 있도다"라고 칭찬을 받은 그 유명한 이야기가 마가복음에는 빠져 있다. 그는 오로지 이 책에 자신의 실패만을 담고 있다.

베드로의 실패가 크면 클수록 그를 일으키시는 예수님의 사랑과 능력은 훨씬 더 위대하다. 베드로는 실패해서 형편없던 자신을 예수님이 포기하지 않으셨다고 한다. 예수님이 다시 일으켜 세우고 이렇게 너희를 가르치는 사도로 만드셨다고 한다. 그러므로 너희도 넘어지고 초라한 자신을 바라보지 말고, 그런 인생을 포기하지 않으시는 하나님을 바라보라고 한다. 그래서 그러한 하나님에 의해 살아가는 수동태 인생이 되라고 한다.

어디 마가복음뿐이겠는가? 성경은 자주 실패한 사람들의 이야기를 들려준다. 믿음의 조상이라 일컫는 아브라함은 두 번이나 자기 부인을 누이라고 둘러댄다(창 12:10-20, 20:1-18). 바로 왕이 두렵고, 그랄 왕이 두려웠기 때문이다. 다윗은 어 떤가? 자기에게 충성한 부하의 부인을 빼앗고 그를 사지에 몰 아넣어 죽게 했다(삼하 11:1-27). 참으로 못난 모습이다. 세상의 어느 경전이 위대한 신앙 영웅들의 못난 모습을 이렇게 적나 라하게 들춰낼까? 성경은 이와 같이 자주 영웅들의 어두운 면 을 드러낸다. 인간의 부족함을 드러내고 하나님의 위대하심 을 높인다. 그리하여 후손들로 하여금 오로지 하나님만 의지 하고 바라보게 한다.

혹시 오늘도 실패했는가? 마가복음 빈 무덤 사건이 보여 주는 대로 하나님에 의해 살아가는 수동태의 인생을 다시 꿈 꾸라. 손에는 향품을 들고, 가슴에는 사랑을 품고 무덤을 찾 아갔던 여인들처럼 사랑으로 그에게 나아가라. 그에게 매달 리고, 그를 의지해서 일어서라. 그리고 그의 손을 붙잡고 걸 어라. 하나님이 인정하고, 하나님이 굴리고, 하나님이 쓰실 것이다.

| 토론과 나눔을 위한 질문 |

1 마가복음의 기자는 누구이며, 일차 수신자는 누구인가? 이것은 마
  가복음이 어떤 환경에서 어떤 목적으로 기록되었다는 것을 암시하
  는가?

2 신적 수동태란 무엇인가? 이를 통해 '하나님'이라는 말은 없지만 어
  떻게 본문을 이해할 수 있는가?

3 예수님이 하나님에 의해 살리심을 받았다는 것은 무엇을 의미하
  는가?

4 무덤의 돌이 하나님에 의해 굴려졌다는 것은 무엇을 의미하는가?

5 당신은 수동태의 삶이 필요하지 않은가? 당신의 삶에 구체적으로 하
  나님에 의해 될 부분은 무엇인지 생각해 보자.

3. 누가복음
빈 무덤 사건

기독교 초기의 놀라운 발전에 대해서는 많은 사람이 관심을 갖고 연구해 왔다. 어떻게 로마 제국 변방에 있는 한 작은 나라에서, 그것도 극소수의 사람들로 시작한 소수 종교가 이렇게 짧은 시간에 놀랍도록 발전할 수 있었는지 의아해한다. 사악한 신종 미신이라 평가받다가 어떻게 300년 만에 로마의 공식 종교가 될 수 있었을까? 여기에 대해 사회학자인 로드니 스타크(Rodney Stark)는 대략 열 가지로 기독교의 발전 이유를 설명한다. 그의 책《기독교의 발흥》에 따르면, 도시 중심 선교, 여성의 역할, 내세 보상 등이 기독교 발전의 주요 이유다.[1] 이와 달리 신학자인 래리 허타도(Larry Hurtado)는 세 가지 이유를 제시하는데, 그중의 하나가 '책의 종교로서 기독교'이다.[2] 그의 책《처음으로 기독교인이라 불렸던 사람들》에 따르면, 기독교는 성경 봉독을 중요하게 생각했고, 사본을 필사하고 배포하는 일에 열심이었다. 이와 같이 기독교는 아주 초기부터 '말씀'을 소중히 여겼다. 교회는 텍

스트 공동체(textual community)였다. 이것이 로마 시대의 다른 여타 종교와는 다른, 기독교가 가진 독특한 특징이었다. 초기 기독교는 성경과 함께 발전했다.

누가복음은 '말씀'의 복음서다. 누가복음을 좀 아는 사람이라면 이 말을 의아해할 수 있다. 왜냐하면 누가복음은 '성령'의 활약을 주목하며, '기도'를 강조하는 복음서로 알려져 있기 때문이다. 그러나 그렇지 않다. 누가복음만큼 '말씀'을 강조하는 성경이 없다. 누가복음을 조금만 연구하면, 누가복음이 말씀의 복음서라는 것을 알게 된다. 물론 우리가 알고 있는 대로, 누가복음은 성령과 기도를 중요하게 기술한다. 그러나 성령과 기도 못지않게 말씀에도 초점을 맞춘다. 결국 누가복음은 말씀과 기도를 균형 있게 다룬다고 할 수 있다.

빈 무덤 사건에는 누가복음이 왜 말씀의 복음서라 불릴 수 있는지를 알게 하는 독특한 표현들이 있다. 어떻게 말씀이 강조되는지 살펴보자.

대신하는 말씀

말씀 중심에 대한 수미상관
다른 복음서의 빈 무덤 사건과 달리 누가복음 빈 무덤 사건에는 예수님이 등장하지 않는다. 그 대신 예수님의 말씀이 나온다. 여인들이 안식 후 첫날 새벽에 무덤을 찾았다. 그러나 무덤 안에 예수님의 시신이 없어 여인들은 무척 근심했다. 그런데 이때 두 천사(사람)가 나타나 왜 살아 있는 자를 죽은 자 가운데서 찾느냐며 예수님의 부활을 알린다. [3]

> "두 사람이 이르되 어찌하여 살아 있는 자를 죽은 자 가운데서 찾느냐 여기 계시지 않고 살아나셨느니라 갈릴리에 계실 때에 너희에게 어떻게 말씀하셨는지를 기억하라 … 그들이 예수의 말씀을 기억하고"(눅 24:5-6, 8).

누가복음에는 다른 복음서처럼 부활하신 예수님이 무덤가에서 여인들을 만나셨다는 이야기가 없다. 그 대신 천사가 여인들에게 예수님이 하셨던 말씀을 기억하라고 한다. 그랬더니 여인들이 그의 말씀을 기억했다고 한다. 이것은 무슨 의미인가? 예수님을 기억하는 것이 곧 그의 말씀을 기억하는 것이라는 뜻이다. 왜냐하면 예수님은 말씀을 통해 자신을 나타내시기 때문이다. 따라서 우리는 말씀을 통해 예수님을 만난다. 말씀 안에서 예수님을 경험하고 그에게 순종한다.

이러한 말씀 중심의 이야기는 누가복음 앞부분에 위치한 예수님의 탄생 기사에서부터 나온다(눅 1:26-38). 천사 가브리엘이 마리아에게 나타나 아들을 낳을 것이라 한다. 마리아가 당황하며 처녀인 자신에게 어떻게 이런 일이 일어날 수 있느냐고 반문한다. 가브리엘은 하나님의 능력이 성령으로 그녀에게 임해서 그녀가 잉태하게 될 것이라 한다. 그리고 하나님의 말씀의 능력을 말하자, 마리아가 말씀에 대한 그녀의 믿음을 고백한다.

> "대저 하나님의 모든 말씀은 능하지 못하심이 없느니라 마리아가 이르되 주의 여종이오니 말씀대로 내게 이루어지이다 하매 천사가 떠나가니라"(눅 1:37-38).

마리아의 이 고백은 동정녀가 수태를 하고 메시아를 낳는 구원 역사가 말씀의 능력과 말씀에 대한 믿음을 통해 이루어진다는 것을 보여 준다. 하나님의 모든 말씀에는 불가능이 없다. 이러한 말씀을 믿고 받아들이는 자에게 하나님의 능력이 나타난다. 이후에 마리아가 자신의 친족 엘리사벳을 방문하고 엘리사벳이 그녀를 축복할 때도 '말씀'이 강조된다.[4]

> "주께서 하신 말씀이 반드시 이루어지리라고 믿은 그 여자에게 복이 있도다"(눅 1:45).

'복이 있도다'로 번역된 '마카리오스'는 산상 보훈의 팔복에 나오는 헬라어로 유명하다. 누가복음도 마태복음의 산상 보훈에 비교되는 평지 설교에 이 단어를 사용한다(눅 6:20-22). 그런데 누가복음에는 다른 복음서에는 없는 '말씀'과 관계된 '마카리오스'의 용례가 나온다. 그 하나가 여기 엘리사벳의 마리아 축복에 나오고, 다른 하나는 11장 28절에 나온다. 예수님은 하나님의 말씀을 듣고 지키는 자가 복이 있다고 하신다. 요약하자면, 하나님의 말씀을 믿음으로 받아들이는 자에게 복이 있고, 또 하나님의 말씀을 듣고 지키는 자에게 복이 있다.

아무튼 예수님의 탄생 기사에 나오는 천사의 하나님 말씀 강조, 여인의 받아들임이 예수님의 빈 무덤 사건에도 그대로 등장한다. 천사가 예수님의 말씀을 강조하고, 여인들은 그 예수님의 말씀을 기억한다. 이를 통해 우리는 누가복음이 얼마나 말씀을 강조하는지 알 수 있다. 예수님을 기억하는 것은 곧 그의 말씀을 기억하는 것이다.

누가복음의 말씀 강조

말씀에 대한 누가복음의 강조는 단지 시작과 끝에만 나오는 것은 아니다. 누가복음 전체에 걸쳐 골고루 퍼져 있다. 대표적인 예를 살펴보자.

말씀의 선지자 세례 요한

누가복음은 세례 요한도 말씀을 받은 사람으로 묘사한다.

"하나님의 말씀이 빈 들에서 사가랴의 아들 요한에게 임한지라"(눅 3:2하).

이 구절의 문맥에는 세례 요한 당시 유명한 정치적, 종교적 지도자들의 이름이 나온다. 황제 디베료, 총독 본디오 빌라도, 갈릴리의 분봉 왕 헤롯 안티파스, 이두래와 드라고닛의 분봉 왕 헤롯 빌립, 아빌레네의 분봉 왕 루사니아 그리고 대제사장 안나스와 가야바가 나온다. 시대를 주름잡는 모든 지도자를 망라하고 있다. 그러나 정작 하나님의 말씀은 빈 들에 있는 사가랴의 아들 요한에게 임한다. 유수한 지도자들이 있는 왕궁이나 성전에 임한 것이 아니라, 빈 들에 임한다. 왕이나 대제사장에게 임한 것이 아니라 세례 요한에게 임한다.

물론 당시 인물들에 대한 이러한 묘사는 세례 요한이 활동하던 시기가 언제였는지를 구체적으로 보여 주기 위한 것으로 생각된다. 그러나 다른 한편, 하나님께서는 세상 권력을 잡은 당시의 파워 엘리트들을 통해 일하지 않으시고, 빈 들에 있는 한 선지자를 통해 일하셨다는 것을 보여 준다. 하나님께서는 화려한 왕궁이나 웅장한 성전에서 일하지 않으시고, 당신께서 택하신 종이 있는 곳에서 일하셨다. 그래서 그를 통해 이스라엘 자손이 하나님께 돌아오게 하시고, 아버지의 마음을 자식에게, 거스르는 자를 의인의 슬기에 돌아오게 하셨다(눅 1:16-17). 이처럼 하나님의 역사는 하나님의 말씀을 받은 사람을 통해 이루어진다는 것을 알 수 있다.

말씀의 제자 베드로

누가복음은 베드로도 말씀을 의지한 사람으로 묘사한다(눅 5:5). 어느 날 아침, 베드로와 어부들은 힘 빠진 모습으로 게네사렛 호숫가에서 그물을 씻고 있었다. 밤새 수고했지만 고기를 잡지 못했기 때문이다. 이때 예수님이 와서 깊은 데로 가서 그물을 내리라고 하셨다. 고기 잡는 적절한 시간도 아니고, 그물도 야간용이었다.[5] 하지만 베드로는 예수님의 말씀대로 행한다.

> "시몬이 대답하여 이르되 선생님 우리들이 밤이 새도록 수고하였으되 잡은 것이 없지마는 말씀에 의지하여 내가 그물을 내리리이다 하고"(눅 5:5).

이윽고 다른 배에 있는 동무들이 와서 도와줄 정도로 엄청난 양의 고기를 잡는다. 마침내 베드로는 예수님이 하나님의 아들이심을 깨닫고 자신의 죄인 됨을 고백한다. 그리고 예수님은 그에게 "이제 후로는 네가 사람을 취하리라"(눅 5:10)고 하며 놀라운 비전을 주신다.

마태복음과 마가복음에는 베드로가 그물을 던질 때 예수님이 그를 부르신 것으로 나온다(마 4:18-20; 막 1:16-18). "나를 따라오라"는 초청에 베드로는 그물을 버려두고 예수님을 따른다. 요한복음에서 베드로는 안드레의 소개를 받고 예수님을 만난다(요 1:40-42). 안드레가 먼저 예수님을 만나고, 이후에 그의 형제 베드로에게 가서 자신이 메시아를 만났다고 한다. 그리하여 안드레가 베드로를 예수님께 데리고 가고, 예수님은 베드로에게 그의 이름이 지금은 시몬이지만 장차 게바(베드로)가 될 것이라 하신다. 이와 같이 사복음서 모두 예수님과 베드로의 만남, 예수님이 베드로를 부르시는 것을 언급하고 있지만, 유달리 누가복음은 예수님의 말씀을 의지한 베드로를 언급한다.

사도행전에서도 베드로는 '말씀'을 강조한다(행 4:1-22). 산헤드린 공의회가 예수 그리스도와 그의 부활을 전하는 베드로와 요한을 잡아 심문했다. 그리고 그들에게 경고하며, 도무지 예수의 이름을 전하지 말라고 위협한다. 이때 베드로와 요한은 대제사장과 장로들과 서기관들에게 다음과 같이 말한다.

"베드로와 요한이 대답하여 이르되 하나님 앞에서 너희의 말을 듣는 것이 하나님의 말씀을 듣는 것보다 옳은가 판단하라 우리는 보고 들은 것을 말하지 아니할 수 없다 하니"(행 4:19-20).

따라서 누가복음과 사도행전에서 베드로는 말씀을 의지한 사람, 말씀을 듣고 순종한 사람으로 묘사된다는 것을 알 수 있다. 바로 그런 말씀의 사람을 통해 하나님은 일하셨다.

말씀의 여인 마리아

마르다와 마리아의 이야기에서도 말씀의 중요성이 강조된다(눅 10:38-42). 마르다는 예수님의 방문을 받고 그와 제자들을 섬기는 일로 분주했다. 반면에 그녀의 자매인 마리아는 예수님의 발치에 앉아 말씀을 들었다. 마르다는 마리아가 분주한 자신을 돕게 하라고 예수님께 요청했다. 그러나 예수님은 오히려 말씀을 듣는 마리아를 칭찬하셨다.

더욱이 본문이 위치한 문맥은 말씀을 잘 듣는 것이 다른 무엇보다 선행된다는 것을 보여 준다. 바로 앞에는 유명한 '선한 사마리아인의 비유'가 나온다(눅 10:25-37). 예수님은 이웃 사랑이 얼마나 중요한지를 비유를 통해 효과적으로 전달하신다. 강도 만난 이웃이 길에서 고통당하는데, 제사장과 레위인이 다 그를 무시하고 지나간다. 그러나 한 사마리아인이 그를 도와주는 선행을 베푼다. 비유의 서두에서 율법 교사는 예수님께 누가 자신의 이웃인지를 물었다(눅 10:29). 그런데 예수님은 비유의 말미에 강도 만난 자의 이웃이 되어 주라고 하신다(눅 10:36-37). 율법 교사는 아마도 자기가 사랑할 이웃을 구별했을 것이다. 이방인이나 사마리아인은 자기의 이웃이 아니라고 생각했을 것이다. 그러나 예수님은 누구든지 강도 만난 자가 우리의 이웃이라 하신다.[6] 도움이 필요한 모든 사람을 사랑하라 하신다. 모든 고통 받는 사람의 이웃이 되어 주라 하신다.

바로 이러한 이웃 사랑의 교훈 다음에 마르다와 마리아의 이야기가 나온다. 사실 어떻게 보면 마르다는 이웃 사랑을 실천했다. 나그네로 자신의 집을 방문한 예수님과 제자들을 환대하고 있었기 때문이다. 그들을 돕고 섬기려 했다. 그런데 예수님은 말씀을 경청하는 마리아를 칭찬하신다. 이것은 무엇을 의미할까? 말씀에 기초한 이웃 사랑을 강조하시는 듯하다.[7] 하나님의 말씀을 잘 들어야 이웃도 잘 사랑할 수 있음을 역설적으로 말씀하시는 듯하다. 누가복음은 의도적으로 선한 사마리아인의 비유 다음에 마르다와 마리아의 이야기를 배치시킴으로써 이웃 사랑보다 앞서는 하나님 말씀의 우선순위를 암시하고 있다. 말씀의 안내와 지도를 받는 사람이 이웃을 잘 사랑할 수 있다. 말씀의 은혜가 이웃에게 흘러가는 것이 하나님이 의도하시는 방향이다.

성취되는 말씀

누가복음 빈 무덤 사건에서 특히 강조되는 말씀의 특성은 '성취'다. 예수님의 말씀, 하나님의 말씀은 성취된다. 이것이 천사를 통해 여인들에게 전달된다.

> "이르시기를 인자가 죄인의 손에 넘겨져 십자가에 못 박히고 제 삼 일에 다시 살아나야 하리라 하셨느니라 한대"(눅 24:7).

예수님은 그의 공생애 기간에 이미 자신의 죽음과 부활을 예언하셨다(눅 9:22, 44, 18:32-33). 따라서 예수님의 부활은 그의 말씀이 성취된 사건이다. 말씀은 땅에 떨어져 허무하게 없어지는 법이 없다. 주께서 말씀하신 대로 이루어진다. 예수님은 자신의 말씀을 지키고 이루시는 분이다. 따라서 우리로 하여금 그의 말씀을 붙들고 의지하게 하신다.

다른 한편, 예수님의 말씀은 하나님의 주권을 담고 있다. 예수님의 말씀을 통해 하나님의 주권을 바라보게 한다. 누가복음 24장 7절에는 한글 번역에 잘 드러나지 않은 독특한 헬라어 표현이 있다. 헬라어 조동사 '데이'가 세 개의 부정사와 사용되어 꼭 일어나야 할 일을 설명한다. 우리말 번역으로는 '-해야 하리라'라는 뜻이 된다. 이 구절에 나오는 세 개의 부정사는 '넘겨지다', '못 박히다', '살아나다'이다. 그런데 여기에 '데이' 조동사가 붙어서 **'넘겨져야 하리라'**, **'못 박혀야 하리라'**, **'살아나야 하리라'**가 된다. 개역개정 성경에는 마지막 '살아나다'에만 '-해야 하리라'가 적용되었는데, 실제 헬라어 문법에 따르면 세 개의 동사 전부에 '-해야 하리라'가 적용되어야 한다.

이것은 하나님의 주권적 섭리를 말한다.[8] 예수님이 넘겨지고, 못 박히고, 살아나는 것은 하나님의 계획이었고, 이것이 십자가와 부활을 통해 최종 성취되었다는 말이다. 겉으로 보기에는 악인들이 예수님을 넘긴다. 유다가 대제사장에게 넘기고, 대제사장은 빌라도에게 넘기고, 빌라도는 군인들에게 예수님을 십자가에 못 박도록 넘긴다. 겉으로 보기에는 악인들이 예수님을 심판하고 못 박아 죽이는 것같이 보인다. 그런데 하나님은 악인들의 이러한 공격을 사용해서 당신의 뜻을 성취하신다. 당신의 구원 역사를 이루고 당신의 나라를 세우신다. 악인들이 방해하고 의인들이 넘어질지라도, 하나님께서는 당신의 계획을 성취하는 분이시다.

그리하여 누가복음을 읽는 독자 및 주님의 백성에게 계획하고 뜻한 바를 성취하시는 하나님을 바라보게 한다. 고통 받는 그리스도인들에게 악인들이 방해하고 공격할지라도 자신의 믿음을 멈추지 말라고 격려한다. 자신을 향한 하나님의 계획, 교회를 향한 하나님의 뜻을 믿고 삶의 자리에서 충성하라고 권면한다. 사람을 의지하거나 환경을 두려워하지 말고 하나님을 주목하라고 한다.

부활하신 예수님이 훗날 제자들에게 나타나 계획과 성취를 통한 하나님의 주권에 대해 좀 더 분명하게 설명하신다.

> "또 이르시되 내가 너희와 함께 있을 때에 너희에게 말한바 곧 모세의 율법과 선지자의 글과 시편에 나를 가리켜 기록된 모든 것이 **이루어져야 하리라** 한 말이 이것이라 하시고"(눅 24:44).

이 구절에는 앞서 말한 '데이'와 성취를 의미하는 '플레로오'라는 헬라어가 함께 쓰여, 하나님의 말씀의 성취와 예수님의 사역이 얼마나 긴밀하게 연결되어 있는지를 보여 준다. '이루어져야 하리라'가 바로 이 두 헬라어 단어의 번역이다. 우리말로 쉽게 번역하면 '성취되어야 하리라'이다. 그렇다면 구체적으로 무엇이 성취되었을까? 하나님의 말씀이 성취되었다는 말이다. 그런데 그 말씀은 예수님의 고난과 죽음과 부활에 관한 하나님의 계획이다(눅 24:46). 또한 만민에게 복음이 전파되는 것에 관한 계획이다(눅 24:47). 이러한 하나님의 계획이 구약의 말씀에 약속되었고, 하나님은 당신의 주권으로 이 말씀, 즉 당신의 계획을 성취하시는 분이라는 것이 예수님의 설명의 요지다.

> "또 이르시되 이같이 그리스도가 고난을 받고 제 삼 일에 죽은 자 가운데서 살아날 것과 또 그의 이름으로 죄 사함을 받게 하는 회개가 예루살렘에서 시작하여 모든 족속에게 전파될 것이 기록되었으니 너희는 이 모든 일의 증인이라"(눅 24:46-48).

이와 같은 말씀의 성취는 하나님의 주권적 섭리를 드러낸다. 하나님은 당신의 말씀을 당신의 주권으로 성취하시는 분이다. 사람들이 반대하고 실패하더라도, 하나님께서는 그 반대와 실패마저 사용해 당신의 말씀을 성취하신다. 그분이 뜻하시면 아무도 막을 수 없다. 그러므로 그를 믿는 자들로 하여금 철저하게 그분만을 바라고 의지하게 하신다. 누가복음은 빈 무덤 사건에서 이러한 말씀의 특성을 소개하며, 예수님의 부활을 믿는 사람은 또한 하나님의 절대 주권을 믿어야 한다고 권면한다.

지켜지는 말씀

사복음서에서는 여인들의 역할이 두드러진다. 특히 십자가와 부활에서는 여인들이 끝까지 예수님의 십자가 곁을 지킬 뿐만 아니라, 부활 아침 이른 새벽에 무덤을 찾는다. 사복음서는 공통으로 이 모든 것을 증언한다. 그런데 누가복음만큼 여인의 역할을 강조하는 성경이 없다. 누가복음 전체에서 여성은 남성과 함께 예수님의 구원의 대상으로, 예수님의 충성스러운 종으로 묘사된다. 누가복음 빈 무덤 사건은 마태복음, 마가복음과는 달리 그 이야기가 색다르게 전개된다. 물론 여인들이 빈 무덤의 목격자인 것은 동일하게 나온다. 하지만 구체적인 강조점은 조금 다르다. 누가복음은 여인들이 율법의 말씀을 지켰다는 것을 드러낸다.

말씀을 지키는 것에 대한 수미상관 구조

누가복음 빈 무덤 사건에는 율법을 지키는 여인들의 모습이 나온다. 마태복음이 예배하는 여인들의 모습을 보여 주고, 마가복음이 충성된 목격자로서 여인들의 명단을 계속해서 등장시키는 것과는 달리 누가복음은 여인들이 안식일을 지키는 모습을 기록한다(눅 23:54-56). 여인들은 안식일이 되기 전에 미리 향품과 향유를 준비한다. 그리고 계명을 따라 안식일에는 쉰다. 마침내 안식일이 지나고 첫날 새벽에 준비한 향품을 가지고 무덤으로 간다(눅 24:1).

> "이날은 준비일이요 안식일이 거의 되었더라 갈릴리에서 예수와 함께 온 여자들이 뒤를 따라 그 무덤과 그의 시체를 어떻게 두었는지를 보고 돌아가 향품과 향유를 준비하더라 계명을 따라 안식일에 쉬더라 안식 후 첫날 새벽에 이 여자들이 그 준비한 향품을 가지고 무덤에 가서"(눅 23:54-24:1).

이렇게 율법의 말씀을 지키는 여인의 모습은 예수님의 탄생 기사에도 나온다(눅 2:21-24).[9] 요셉과 마리아는 정결 예식의 날이 되어 아기 예수를 데리고 예루살렘에 올라갔다. 율법에 "첫 태에 처음 난 남자마다 주의 거룩한 자라 하리라"(눅 2:23)라고 되어 있기 때문에(출 13:2, 12), 요셉과 마리아는 아기 예수를 하나님께 드렸다. 은 다섯 세겔을 제사장에게 주어 아기 예수를 대속하며, 그를 하나님께 바친 것이다(민 18:16).[10] 또한 마리아는 비둘기로 제사를 드렸다. 율법에 따르면, 출산한 여인은 부정해서 양이나 비둘기로 자신을 정결하게 해야 했다(레 12:6-8). 양을 바치면 좋지만 경제적 여력이 안 되면 비둘기를 바칠 수 있었다. 따라서 마리아가 비둘기를 바쳤다는 것은 경제적으로 형편이 넉넉하지 않았다는 뜻이다. 그녀는 비록

생활 형편이 여유롭지 않았지만, 성전에 와서 제사를 드렸다. 비둘기를 바치며 율법의 말씀을 지키려 애썼다.

누가복음 앞부분에는 율법의 말씀을 지키는 마리아의 모습이 나오고, 뒤에 있는 빈 무덤 사건에는 율법의 말씀을 지키는 여인들이 나온다. 수미상관 구조를 통해 여인들의 모습을 강조하는 동시에 말씀을 지키는 것에도 초점을 맞춘다.

누가복음의 말씀 준수 강조

말씀을 지키는 것은 누가복음에서 하나님을 경외하는 신실한 사람들의 삶이었다. 누가복음은 제일 처음에 세례 요한의 부모인 사가랴와 엘리사벳을 설명하면서 말씀 준수와 연결시킨다. 그들은 하나님 앞에 의인이었고, 하나님의 모든 계명과 규례대로 흠이 없이 행한 사람들이었다(눅 1:6). 뒤이어 나오는 요셉과 마리아 또한 앞서 설명한 것처럼 말씀을 준수하는 사람들이었다(눅 2:22-24). 이들은 해마다 유월절에 성전에 올라가는 신실한 부모로 묘사된다(눅 2:41). 다른 한편, 예수님은 안식일이면 늘 하던 대로 회당을 방문하셨다(눅 4:16). 예수님은 체포되기 얼마 전 그의 제자들과 함께 만찬을 하며 유월절을 지키셨다(눅 22:7-23). 예수님은 율법의 말씀을 따라 안식일과 절기를 지키시는 분으로 나온다.

한편, 예수님은 자신의 죽음을 새 언약을 위한 죽음이라 하신다(눅 22:20). 다시 말하면, 예수님의 죽음을 믿는 자들은 하나님과 새로운 언약 관계에 들어간다는 말이다. 새 언약의 백성이 된다는 말이다. 그런데 새 언약 백성의 특징 중 하나는 성령으로 마음이 변화되어 말씀을 지키는 것이다. 새 언약은 예레미야 31장에 약속된 것으로서, 하나님께서 당신의 법을 당신의 백성의 마음에 기록해서, 그는 그들의 하나님이 되고 그들은 그의 백성이 되는 것이다(렘 31:31, 33). 여기서 하나님의 법이 그의 백성의 마음에 기록된다는 것은 무슨 뜻일까? 마음의 변화를 통해 율법을 준수하는 것이다. 이것을 에스겔은 성령의 역사라고 한다.

> "또 새 영을 너희 속에 두고 새 마음을 너희에게 주되 너희 육신에서 굳은 마음을 제거하고 부드러운 마음을 줄 것이며 또 내 영을 너희 속에 두어 너희로 내 율례를 행하게 하리니 너희가 내 규례를 지켜 행할지라"(겔 36:26-27).

하나님께서는 에스겔 선지자를 통해 새 언약의 백성이 어떠할 것임을 나타내신다. 마음이 변화되고, 하나님의 영이 그 마음에 있어 그의 율례를 지켜 행할 것이라 하신다. 이것이 사도행전에 나오는 새 언약 백성의 모습이다. 신약의 교회들은 하나님의 영이 임해서 하나님의 법을 지키게 된다. 성령 받은 예루살렘 교회의 대표적인 특징이 사도행전 2장에 나오는데,

그들은 사도들의 가르침을 받고, 떡을 떼며, 서로 교제하고, 함께 기도했다(행 2:42).[11] 그리고 그들의 삶의 절정이 하나님 사랑과 이웃 사랑으로 나타난다.

"하나님을 찬미하며 또 온 백성에게 칭송을 받으니 주께서 구원받는 사람을 날마다 더하게 하시니라"(행 2:47).

'온 백성에게 칭송을 받으니'로 번역된 헬라어 원문은 '온 백성에게 호의를 베푸니'라고도 번역될 수 있다.[12] 물론 두 번역은 서로 연결되어 있다. 교회가 온 백성에게 호의를 베푸니, 결국 온 백성으로부터 칭송을 받은 것이다. 따라서 예루살렘 교회가 이웃 사랑을 실천했다는 말이다. 위로는 하나님을 찬미하고, 옆으로는 사람들에게 호의를 베푼 것이다.

누가복음 10장 26-27절에는 율법의 두 가지 핵심이 나온다.

"예수께서 이르시되 율법에 무엇이라 기록되었으며 네가 어떻게 읽느냐 대답하여 이르되 네 마음을 다하며 목숨을 다하며 힘을 다하며 뜻을 다하여 주 너의 하나님을 사랑하고 또한 네 이웃을 네 자신같이 사랑하라 하였나이다."

율법 교사가 이렇게 대답하자 예수님이 그것을 긍정해 주신다. 율법을 지킨다는 것은 곧 하나님을 사랑하는 것이고, 그와 같이 이웃을 사랑하는 것이다. 그런데 성령 받은 예루살렘 교회의 모습이 정확하게 율법의 두 가지 핵심을 실천하는 모습이다. 위로는 하나님을 찬미하고, 옆으로는 온 백성에게 호의를 베푼다. 새 언약의 백성은 성령으로 마음이 변화되어 이와 같이 말씀을 지켜 순종한다.

결론

누가복음 빈 무덤 사건은 말씀에 초점을 맞춘다. 첫째, 말씀이 예수님을 대신한다. 예수님이 등장하지 않고 천사들이 나타나 여인들에게 그의 말씀을 기억하라고 한다. 결국 예수님을 믿는 것은 그의 말씀을 믿는 것임을 암시하고 있다. 둘째, 하나님의 주권에 관한 예수님의 말씀이 성취된다. 예수님의 고난과 죽음과 부활은 하나님의 계획이었다. 사람들이 박해하고 예수님은 실패한 것처럼 보이지만, 사실은 모든 것이 하나님의 계획이었다. 예수님은 이것을 미리 말씀하셨고, 부활을 통해 그 말씀은 성취되었다. 셋째, 말씀이 경건한 사람들에 의해 지켜진다. 예수님의 부활을 믿는 사람은 말씀을 지키는 사람이라는 것을 보여 준다.

묵상과 적용

우리나라 개신교 시작의 중요한 특징을 아는가? 그것은 선교사보다 성경이 먼저 들어왔다는 사실이다.[13] 세계 선교 역사를 보면 보통 선교사가 먼저 그 나라 혹은 그 부족에 들어가고, 마침내 그 지역 사람들을 위한 성경을 번역해서 복음이 널리 전파된다. 그러나 한국 교회는 이렇지 않았다. 성경이 먼저 보급되어 퍼져 나갔다. 성경을 읽고 필사하고, 성경을 묵상하고 암송했다. 성경이 손에 손을 거쳐 전해졌다.

이러한 성경에 대한 열심은 '사경회'(査經會)로 이어졌다. 요즘은 부흥회라는 말을 많이 쓰지만, 한국 교회 초창기만 해도 사경회로 모였다. 지역마다 인근 마을에 있는 작은 교회들이 읍에 있는 큰 교회 예배당에 모여 정기적으로 강사를 초청해 말씀을 배웠다.[14] 주로 농한기에 짧게는 1주, 길게는 3주까지 모여 말씀을 들었다. 평소에 성경을 제대로 배울 기회가 없었던 성도들은 이때 말씀 중심의 신앙생활을 다졌다. 물론 말씀만 배운 것은 아니었다. 교회와 민족을 위해 뜨겁게 기도했으며, 배운 말씀을 확신하며 전도하는 시간도 가졌다. 오늘날 한국 교회가 이만큼 발전하게 된 것은 우리 신앙 선배들의 이러한 열심 때문이다. 말씀과 기도와 전도로 철저하게 무장한 그들의 헌신 덕분이다.

혹시 샤부샤부의 기원에 대해 들어 본 적이 있는가? 혹자는 일본이 그 기원지라고 하기도 하지만, 대부분은 그 기원을 칭기즈 칸의 몽골에서 찾는다.[15] 칭기즈 칸의 기마 부대가 세계를 상대로 전쟁을 할 당시, 이들의 가장 큰 장점은 기동력이었다. 민첩한 전술이 상대를 압도했다. 그런데 문제는 군량 조달이었다. 양식이 군대의 기동력을 따라가지 못하면 제대로 전쟁을 치를 수 없었다. 이때 몽골 기병은 말고기를 말린 육포를 항상 휴대했다고 한다. 그래서 언제, 어디서든 물만 있으면 투구를 벗어 거기에 물을 끓이고 육포를 넣었으며, 이렇게 샤부샤부를 해 먹어 군량 문제를 해결했다고 한다. 양식을 제대로 먹는 것이 전쟁의 승패를 좌우한다.

누가복음은 말씀이라는 성도의 양식을 강조한다. 그래서 빈 무덤 사건에도 말씀을 기억하라는 메시지를 담는다. 예수님의 부활은 말씀이 성취된 것이다. 그리고 말씀을 지키는 자가 진정 경건한 자라고 소개한다. 이렇게 말씀 중심으로 사는 성도가 신앙의 영적 전쟁에서 성공할 수 있다. 따라서 성도는 자신이 과연 말씀 중심의 신앙생활을 하고 있는지 시시때때로 스스로에게 되물어야 한다. 말씀의 사람이 세상을 이기고 신앙의 여정을 완주할 수 있다.

1 누가복음 빈 무덤 사건에는 예수님이 등장하지 않는 대신 무엇이 등 장하는가? 이것은 어떤 의미인가?

2 누가복음 24장 7절에서 하나님의 주권을 강조하는 표현은 무엇이 며, 이것은 독자들에게 어떤 교훈을 주는가? 누가복음에 따르면 예 수님의 부활은 말씀과 관련해서 어떤 의미가 있는가?

3 누가복음 빈 무덤 사건에서는 여인들의 어떤 특징이 묘사되는가? 이 것은 새 언약 백성의 어떠함으로 해석되어야 하는가?

4 당신의 인생을 바꾼 말씀이 있다면 나누어 보자. 혹은 지난 1년 동 안 당신에게 인상적으로 다가온 성경 본문이나 설교 말씀이 있다 면 나누어 보자.

5 당신의 최근 말씀 생활은 어떤가? 어떤 면에서 당신의 말씀 생활을 개선할 필요가 있는가? 당신에게 기억되어야 할 말씀, 성취되어야 할 말씀, 지켜져야 할 말씀은 무엇인가?

4.

⟨보충 설명⟩

빈 무덤과
갈릴리

몇 년 전, 미국의 시애틀을 방문해 한인 성도를 대상으로 신학 강연을 한 적이 있다. 일주일간의 강연을 마치고 시애틀 시내를 구경했다. 시애틀은 아름다운 항구 도시지만, 또한 아마존과 스타벅스 본사가 있는 첨단 도시이기도 하다. 스타벅스 1호점이 관광지로 유명해 일행들과 함께 구경에 나섰다. 마침 신학 강연을 들었던 한 형제가 스타벅스 직원이어서 안내를 받을 수 있었다. 그런데 그 형제로부터 재미있는 이야기를 들었다. 스타벅스 1호점 출입문 열쇠를 매장 직원 외에 한 명이 더 가지고 있다는 것이다. 그 사람은 다름 아닌 스타벅스의 창립자 하워드 슐츠(Howard Schultz)라고 한다. 회사가 어려움에 처하거나 중요한 결정을 해야 할 때, 슐츠는 아무도 없는 매장에 혼자 와서 매장을 둘러보고 간다고 한다. 아마도 그에게는 첫 장소로서 스타벅스 1호점이 중요한 의미였던 것 같다.

예수님과 제자들에게는 '갈릴리'가 첫 장소였다. 갈릴리는 예수님과 제자들이 처음 만난 장소이며, 공생애 상당 시간을 함께 보낸 곳이다. 예수님은 여기서 그들을 부르고, 그들과 함께하며, 가르치셨다. 예수님은 십자가를 지시기 전, 제자들에게 나중에 갈릴리에서 보자고 하셨다. 그리고 이제 빈 무덤에서 천사들이 제자들에게 갈릴리를 상기시키며 갈릴리 회동을 독려한다. 그런데 세 복음서(마태, 마가, 누가)에 나오는 갈릴리의 강조점이 조금씩 다르다. 따라서 각 복음서의 갈릴리 의미를 파악해 종합적으로 이해하는 것이 필요하다. 이러한 이해는 결국 독자들로 하여금 예수 그리스도의 복음을 더 풍성하게 알도록 해 준다(이 장에서는 효과적인 주제 파악을 위해 마가복음-누가복음-마태복음의 순서로 살펴볼 것이다).

마가복음의 갈릴리 - 다시 시작의 장소

마가복음에서 갈릴리는 처음부터 다시 시작하는 장소다. 부활하신 예수님이 실패한 제자들을 다시 가르치시는 장소다. 제자들에게 자신이 누구인지, 그들이 어떻게 살아야 하는지를 다시 깨닫게 하시는 장소다.

마가복음은 다른 복음서에 비해 제자들이 예수님과 그의 말씀을 좀처럼 이해하지 못하는 모습이 부각된다. 이러한 제자들의 몰이해(沒理解, misunderstanding)는 계속 등장한다. 그러나 예수님은 그런 제자들을 인내하며, 계속 깨우치려 애쓰신다. 그럼에도 불구하고 결국 십자가를 앞두고 제자들은 흩어지고, 베드로는 예수님을 부인한다. 그러나 이런 제자들을 예수님은 포기하지 않으신다. 그들을 갈릴리로 불러 처음부터 다시 시작하신다.

세 개의 선상 장면과 제자들의 몰이해

마가복음에는 제자들의 몰이해가 세 개의 선상(船上) 장면, 즉 배를 타고 가는 이야기에 반복적으로 나온다.

4:35-41

예수님과 제자들이 배를 타고 가는데 큰 광풍이 일어 배에 물이 가득 찼다. 놀란 제자들은 주무시고 계시는 예수님을 깨웠다. 예수님은 바람을 꾸짖고 바다를 잔잔하게 하신 후 제자들의 믿음 없음을 나무라셨다. 그런데 제자들은 심히 두려워하며 "그가 누구이기에 바람과 바다도 순종하는가"(막 4:41)라고 했다. 예수님이 하나님의 아들, 그리스도이신 것을 깨닫지 못하고 그저 놀라기만 했다. 사실 제자들이 이 기적만 경험한 것은 아니었다. 이미 예수님은 많은 귀신을 쫓아내고, 많은 사람을 고치셨다(막 1:21-34). 나병 환자를 깨끗하게 하고,

중풍 병자를 고치셨다(막 1:40-2:12). 그리고 마침내 바람을 그치게 하고, 바다를 고요하게 하셨다. 그러나 제자들은 예수님이 누구신지 도무지 알지 못했다.

6:45-51

한밤에 제자들이 바람 때문에 힘겹게 노를 젓고 있을 때 예수님이 바다 위를 걸어오셨다. 제자들은 그를 알아보지 못하고 유령인가 하여 소리를 질렀다. 예수님은 그들을 안심시키며 두려워하지 말라고 하셨다. 마침내 예수님이 배에 오르시니 바람도 그쳤다. 그러나 제자들은 예수님이 하나님의 아들이시기 때문에 이런 현상이 당연히 일어날 수 있다는 것을 알지 못했다. 그저 심히 놀라기만 했다. 심지어 그들은 이미 보리떡 다섯 개와 물고기 두 마리로 오천 명을 먹이신 기적을 경험했다(막 6:30-44). 그럼에도 불구하고 그들은 예수님의 정체성을 깨닫지 못했다. 마가복음 기자는 이 이야기의 마지막에 "이는 그들이 그 떡 떼시던 일을 깨닫지 못하고 도리어 그 마음이 둔하여졌음이러라"(막 6:52)라고 언급한다.

8:14-21

예수님과 제자들이 배를 타고 이동할 때, 제자들이 떡 가져오는 것을 잊어서 배에 떡이 한 개밖에 없었다. 예수님이

바리새인들의 누룩과 헤롯의 누룩을 주의하라고 하시자, 그
들은 자신들에게 떡이 없기 때문에 예수님이 이런 말씀을 하
신다고 생각했다. 예수님은 이것을 알고 무척 답답해하셨다.
왜 이렇게 깨닫지 못하고 마음이 둔하냐고 책망하셨다. 제자
들은 이미 오병이어를 경험했을 뿐만 아니라(막 6:30-44), 칠병
이어도 경험했기 때문이다(막 8:1-10). 오병이어 후에 열두 바
구니의 떡이 남았고, 칠병이어 후에는 일곱 바구니의 떡이 남
았었다. 예수님의 이러한 풍족한 공급을 경험했음에도 불구
하고 그들은 여전히 떡이 없는 것을 걱정했다. 예수님은 그들
이 눈이 있어도 보지 못하며, 귀가 있어도 듣지 못한다고 한
탄하셨다.

제자들의 이러한 몰이해는 절망으로 끝나지 않는다. 예수
님이 보지도 못하고 듣지도 못한다고 책망하신 세 번째 선상
장면은 맹인 치유와 귀 먹은 자 치유 사이에 위치해 일종의
희망을 보여 준다.[1]

    A. 예수님의 치유 - 귀 먹은 자의 치유(막 7:31-37)

      B. 예수님의 책망 - 보지도, 듣지도 못하는 것에 대한 책망(막 8:14-21)

    A'. 예수님의 치유 - 맹인의 치유(막 8:22-26)

지금은 예수님이 누구신지 제대로 보지도, 듣지도 못하는 제자들이지만, 궁극적으로는 예수님이 그들을 온전하게 하실 것이라는 희망이 암시되어 있다. 그들은 결국 깨달아서 예수님을 온전히 믿고 따르게 될 것이다.

세 번의 수난 예언과 제자들의 몰이해

마가복음에는 예수님이 제자들에게 세 번에 걸쳐 자신의 고난과 죽음과 부활에 대해 예언하신 것이 나온다. 그런데 일정한 패턴이 반복되어, 제자들의 몰이해와 예수님의 포기하지 않으시는 가르침이 강조된다. 제자들의 지독한 몰이해가 반복되어 나타나지만, 그럼에도 불구하고 그런 제자들을 포기하지 않고 지속해서 가르치시는 예수님의 열심이 나온다. 반복되는 패턴은 다음과 같다: 예수님의 예언-제자들의 몰이해-예수님의 가르침.

8:27-38

빌립보 가이사랴에서 베드로는 예수님을 그리스도로 고백한다. 그러자 예수님은 처음으로 자신의 고난과 죽음과 부활을 말씀하신다. 그런데 베드로가 예수님을 붙들고 항변한다(막 8:32). '항변하다'로 번역된 헬라어 '에피티마오'는 다른 곳에서 '꾸짖다'로 자주 번역되었다(막 1:25, 4:39, 8:33, 9:25). 그만큼 베드로의 항변은 강했다. 비록 그가 예수는 그리스도시라는 위대한 고백을 했지만, 사실 그의 인식은 충분하지 못했다. 그는 예수님의 영광만 알았다. 고난 받는 그리스도에 대한 지식이 없었다. 이에 예수님은 오히려 베드로를 꾸짖으셨다(막 8:33). "사탄아 내 뒤로 물러가라" 하며 호통치셨다.

그러나 호통이 끝이 아니다. 예수님은 베드로에게 십자가의 길에 대해 차근차근 설명해 주셨다(막 8:34-38). 자기를 부인하고 십자가를 지는 자는 목숨을 잃을지언정 구원을 받을 것이라 하신다. 복음을 부끄러워하지 않고 예수님을 따르면 인자가 아버지의 영광으로 올 때에 그를 부끄러워하지 않을 것이라 하신다.

9:32-37

예수님과 제자들이 갈릴리를 지날 때, 예수님은 두 번째로 자신의 고난과 죽음과 부활을 말씀하신다. 그러나 제자들은 이 말씀을 깨닫지 못하고, 묻기도 두려워한다. 사실 그들은 조금 전 자기들끼리 서로 누가 크냐고 쟁론했다(막 9:33-34). 예수님은 고난과 죽음을 가르치는데, 그들은 길에서 누가 높은지, 누가 뛰어난지 서로 다투었던 것이다.

예수님은 이러한 답답한 인생들을 불러서 다시 차근차근 가르치신다(막 9:35-37). 누구든지 첫째가 되고자 하면 뭇사람의 끝이 되어야 한다. 뭇사람을 섬기는 자가 가장 위대한 자라고 하신다.

10:32-45

예루살렘으로 올라가는 길에 예수님은 세 번째로 제자들에게 자신의 고난과 죽음과 부활을 말씀하신다. 단락에는 제자들이 이 말씀을 깨닫지 못했다는 표현이 없다. 그러나 그다음에 나오는 이야기를 보면, 제자들이 예수님의 말씀을 여전히 깨닫지 못했다는 것을 알 수 있다. 세베대의 아들 야고보와 요한이 예수님께 그의 좌우편에 앉는 영광을 달라고 요구한다. 그러자 이것을 들은 나머지 열 제자가 분노한다(막 10:35-41). 왜냐하면 그들 모두는 서로 높아지고 싶었기 때문이다. 예수님은 죽으러 예루살렘에 가시는데, 그들은 서로 크게 되려고 경쟁하며 시기하고 있다.

예수님이 다시 제자들을 불러 가르치신다(막 10:42-45). 이방인의 집권자들은 사람들을 권력으로 억누르며 지배하지만, 너희는 그러지 않아야 한다고 하신다. 으뜸이 되고자 하는 자는 모든 사람의 종이 되어야 한다. 왜냐하면 인자이신 예수님은 섬김을 받으려고 온 것이 아니라 섬기러 오셨기 때문이다.

예수님의 관심은 고난을 통한 영광에 있었지만, 제자들의 관심은 오로지 영광에만 있었다. 예수님은 십자가를 말씀하시지만, 제자들은 높이 되는 것을 이야기한다. 그러나 이러한 제자들을 타이르기도 하고 꾸짖기도 하면서 예수님은 계속 가르치고 또 가르치셨다.

제자들의 몰이해와 배신

지금까지 세 번의 선상 장면과 세 번의 수난 예언 장면을 거치면서 예수님의 열심을 보았다. 제자들의 부족함에도 불구하고, 예수님은 그런 제자들을 포기하지 않고 끝까지 붙들어 주셨다. 그러나 이러한 예수님의 열심을 아랑곳하지 않고 제자들은 결국 뿔뿔이 흩어진다. 예수님의 체포와 고난 그리고 골고다에서의 비참한 죽음에 제자들은 예수님을 떠난다. 기껏 예수님을 따라가던 베드로는 사람들 앞에서 그를 공개적으로 부인하는 어처구니없는 비굴함을 보인다.

그러나 알다시피, 사실 예수님은 제자들의 이러한 배신을 이미 알고 계셨다. 그래서 실패한 제자들을 새롭게 하려는 계획을 미리 잡아 놓으셨다. 그것이 바로 갈릴리에서 다시 보는 것이다.

"예수께서 제자들에게 이르시되 너희가 다 나를 버리리라 이는 기록된바 내가 목자를 치리니 양들이 흩어지리라 하였음이니라 그러나 내가 살아난 후에 너희보다 먼저 갈릴리로 가리라"(막 14:27-28).

그리고 빈 무덤가에 있는 여인들에게 천사가 나타나 갈릴리에서 보자는 메시지를 제자들에게 전하라고 한다(막 16:7). 그렇다면 예수님은 왜 제자들에게 갈릴리에서 보자고 하신 것일까?

갈릴리는 제자들이 예수님께 처음 부름을 받은 곳이다. 여기서 예수님은 실패한 제자들과 다시 시작하기를 원하셨다. 그들의 죄를 용서하고, 그들을 다시 가르치실 것이다. 가르침의 핵심은 예수님의 정체성과 제자도다.[2] 부활하신 예수님이 하나님의 아들, 그리스도라는 것을 가르치실 것이다. 예수님의 제자는 어떻게 살아야 하는지를 가르치실 것이다. 그래서 제자들은 예수님의 정체성과 제자도에 대해 배우고, 다시 제자로 세워질 것이다. 따라서 갈릴리는 다시 시작하는 장소다.

누가복음의 갈릴리 - 말씀의 장소

앞서 3장에서 누가복음 빈 무덤 사건이 '말씀'에 초점을 맞추고 있다는 사실을 언급했다. 누가복음에는 예수님이 제자들과 갈릴리에서 만나자고 하신 언급이 없다. 그 대신 천사들이 제자들에게 갈릴리에서 그가 하신 말씀을 기억하라고 한다(눅 24:6). 누가복음에 따르면, 갈릴리는 말씀의 장소다. 예수님이 제자들에게 말씀을 가르치신 곳이다. 따라서 누가복음을 통해 다른 복음서에 나오는 예수님의 부르심의 의미를 알 수 있다. 예수님이 제자들을 왜 갈릴리로 부르셨는지 짐작할 수 있다. 그것은 제자들에게 다시 말씀을 가르치시기 위함이었다. 공생애 사역 동안 가르치셨던 말씀을 다시 기억나게 하려 하신 것이다. 특별히 누가복음은 예수님의 말씀이 그의 십자가와 부활에 관한 것이라 한다(눅 24:7). 십자가와 부활에 관한 말씀에는 예수님이 어떤 분이신지가 들어 있다. 또한 십자가와 부활을 믿는 자가 어떻게 살아야 하는지도 포함된다.

누가복음에 나오는 말씀 강조 중에 앞서 3장에서 언급하지 않았던 본문을 여기서 좀 더 살펴보자.

영원한 말씀(눅 21:33)

21장 5-28절에는 예루살렘의 멸망과 인자의 오심에 대한 예수님의 긴 강화가 나온다. 예수님은 지금 비록 화려하게 보이는 성전일지라도 돌 하나도 돌 위에 남지 않을 만큼 없어질 것이라 하신다. 그리고 마지막 때에 인자가 구름을 타고 능력과 큰 영광으로 올 것이다. 마침내 예수님은 말미에 그의 말씀이 영원할 것이라 하신다. 비록 하늘과 땅이 없어질지라도 그의 말씀은 없어지지 않고 성취될 것이다. "천지는 없어지겠으나 내 말은 없어지지 아니하리라"(눅 21:33). 그만큼 예수님의 말씀이 분명하고 확실하다는 뜻이다.[3] 물론 이 표현이 누가복음에만 나오는 것은 아니다. 마태복음과 마가복음에도 동일한 뜻의 표현이 나온다(마 24:35; 막 13:31). 다만 말씀을 강조하는 누가복음 전체의 문맥과 잘 어울린다고 할 수 있다.

말씀의 영원성은 구약부터 신약까지 일관되게 나오는 주제다. 그래서 신구약의 모든 하나님의 백성은 영원한 말씀, 변하지 않고 확실한 말씀을 신뢰하도록 초대받는다. 이사야 선지자는 하나님의 용서와 회복을 선포하면서, 이러한 하나님의 복음의 말씀이 영원히 설 것이라고 한다(사 40:8). 풀은 마르고 꽃은 시들지라도 하나님의 말씀은 변하지 않고 성취될 거라는 것이다. 사도 베드로는 복음을 전하면서 이사야의 이 말씀을 인용한다(벧전 1:23-25). 우리 구원의 확실성은 영원한 하나님의 말씀 때문이다. 말씀이 확실하기 때문에 말씀을 믿는 자의 구원도 확실하다.

풀어지는 말씀(눅 24:27)

부활하신 예수님은 무엇보다 말씀을 풀어 주는 것에 집중하신다. 예수님의 죽음에 실망한 두 제자가 엠마오로 내려가고 있었다. 그들은 아마도 예수님 때문에 세상이 바뀔 줄 알았을 것이다. 예수님이 계시면 자신들의 고통이 끝나고 새로운 세상이 올 것이라 믿었다. 그런데 어느 날, 예수님은 무기력하게 잡혀서 허무하게 돌아가셨다. 꿈이 사라진 그들은 힘없이 터벅터벅 엠마오로 가는 길을 걷고 있었다.

낙심한 제자들에게 부활하신 예수님이 나타나 하신 것은 딱 하나다. 그들에게 성경을 풀어 주며 자신의 십자가와 부활을 설명하셨다(눅 24:25-27). 그랬더니 식어 있던 그들의 마음이 뜨거워졌다(눅 24:32). 얼어붙은 마음이 녹고, 굳은 마음이 부드러워진 것이다. 마음의 변화, 내면의 회복이 일어났다.

얼마 후 예수님은 예루살렘에 있는 나머지 제자들에게도 나타나셨다. 두려워하는 제자들에게 자신의 몸을 보이고 부활을 증거하셨다. 그리고 그들의 마음을 열어 성경을 깨닫게 하셨다(눅 24:45). 성경에 자신의 고난과 부활에 대해 어떻게 기록되어 있는지를 가르쳐 주셨다. 또한 자신의 고난과 부활, 죄 용서의 복음이 모든 족속에게 전파되어야 하는 것이 성경에 기록되어 있음을 가르쳐 주셨다(눅 24:46-47).

이처럼 부활하신 주님은 말씀을 풀어 주는 것에 집중하셨다. 말씀을 풀어 설명하며 자신의 죽음과 부활을 증거하셨다. 그리하여 제자들이 그를 믿고, 그를 전파하는 그의 증인이 되기 원하셨다.

전파되는 말씀(행 8:4, 14, 25)

누가가 쓴 또 다른 성경인 사도행전은 제자들이 예수님과 복음을 전한 것을 '말씀'을 전했다고 표현한다.[4] 몇 가지 경우를 살펴보면, 사도들은 자신들이 전하는 복음이 하나님의 말씀이라고 생각했다(행 4:29, 31). 그리고 감옥에 갇힌 사도들 앞에 나타난 천사는 감옥에서 나가 생명의 말씀을 전하라고 한다(행 5:20). 또 예루살렘에 박해가 있자, 제자들은 흩어져서 복음의 말씀을 전했고(행 8:4), 베드로와 요한은 사마리아에서 주의 말씀을 증언했다(행 8:25). 그리고 베드로가 고넬료와 그의 친지들에게 말씀을 전할 때 성령이 그들에게 내려오셨다(행 10:44).

또한 사도행전은 교회가 부흥하고 하나님 나라가 확장된 것을 말씀이 흥왕했다고 표현한다. 오순절 성령 강림 이후 급속하게 발전하던 예루살렘 교회는 구제 문제 때문에 큰 시험에 빠졌다(행 6:1). 사람이 너무 많아져서 헬라파 유대인 과부들이 구제에서 제외되는 일이 발생했는데, 이 일로 그들이 히브리파 유대인을 원망하게 되었다. 교회 안에 원망과 불평으로 분열의 조짐이 보이자, 사도들은 구제 사역을 지혜롭게 처리할 일곱 사역자를 세웠다. 그리고 그들은 말씀과 기도에 집중했다. 이것을 계기로 구제는 효율적으로 이루어졌으며, 교회는 더욱 안정되고 발전했다. 말씀과 기도의 기초 위에 제자의 수가 더욱 많아졌다. 이것을 사도행전 기자는 하나님의 말씀이 점점 왕성해졌다고 표현한다(행 6:7).

예루살렘 교회에 또 다른 큰 위협이 생겼는데, 그것은 헤롯의 박해였다. 헤롯 왕은 요한의 형제 야고보를 죽인 후 베드로도 죽이려고 감금했다. 그런데 그날 밤, 하나님께서 천사를 통해 베드로를 감옥에서 풀어 주셨다. 마가의 어머니 집에서 기도하던 제자들은 베드로의 풀려남을 통해 큰 위로를 받았다. 한편, 하나님께서는 교회를 박해하고 하나님께 영광 돌리지 않는 교만한 헤롯을 치셔서 그가 벌레에게 먹혀 죽임을 당하게 하셨다(행 12:23). 이러한 일련의 사건들을 나열한 후 사도행전 기자는 하나님의 말씀이 흥왕하여 더했다고 기록한다(행 12:24).

바울은 에베소에서 2년 3개월 동안 복음을 전하고 하나님 나라를 가르쳤다(행 19:8-20). 많은 유대인과 헬라인이 바울이 전하는 주의 말씀을 들었다. 뿐만 아니라 여러 기적이 나타났다. 바울로 인해 악귀가 떠나가고 병든 사람들이 나았다. 많은 사람이 자신들의 일을 자복하며 회개했고, 마술을 행하던 사람들은 그 책을 모아 사람들 앞에서 불태웠다. 이러한 에베소 지역의 부흥을 가리켜, 사도행전 기자는 주의 말씀이 힘이 있어 흥왕하여 세력을 얻었다고 한다(행 19:20).

이와 같이 누가는 말씀의 확산 관점에서 교회의 발전을 설명한다. 주의 말씀이 전파되고, 주의 말씀이 받아들여졌으며, 주의 말씀이 가르쳐졌다. 이런 배경에서 누가복음 빈 무덤 사건은 말씀을 강조한다. 제자들은 갈릴리에서 예수님이 하신 말씀을 기억해야 했다. 그 말씀을 믿고 의지하며 신앙생활을 해야 했다. 그 말씀을 전파하며 가르쳐야 했다. 그 말씀은 영원한 말씀이다.

마태복음의 갈릴리 - 이방의 장소

마가복음과 마찬가지로, 마태복음에서도 천사가 여인들에게 갈릴리에서 보자는 예수님의 말씀을 제자들에게 전하라고 한다(마 28:7). 그리고 마가복음과 달리, 부활하신 예수님이 직접 여인들에게 그와 같은 명령을 다시 하신다(마 28:10). 그런데 마태복음은 다른 복음서에 비해 갈릴리가 이방 지역이라는 것을 강조한다. 예수님이 공생애 사역을 갈릴리에서 시작하셨다고 하면서 바로 그곳이 이방 지역인 것을 언급한다. 그리고 거기에서 예수님이 회개와 천국 복음을 전파하셨다고 한다. 그렇다면 부활하신 예수님이 제자들을 갈릴리로 초대하신 것은 곧 그들을 이방 지역으로 초대하신 것이 된다.

"예수께서 요한이 잡혔음을 들으시고 갈릴리로 물러가셨다가 나사렛을 떠나 스불론과 납달리 지경 해변에 있는 가버나움에 가서 사시니 이는 선지자 이사야를 통하여 하신 말씀을 이루려 하심이라 일렀으되 스불론 땅과 납달리 땅과 요단 강 저편 해변 길과 **이방의 갈릴리여** 흑암에 앉은 백성이 큰 빛을 보았고 사망의 땅과 그늘에 앉은 자들에게 빛이 비치었도다 하였느니라 이때부터 예수께서 비로소 전파하여 이르시되 회개하라 천국이 가까이 왔느니라 하시더라"(마 4:12-17).

갈릴리는 원래 열두 지파에게 땅을 분배할 때 스불론 지파와 납달리 지파를 위한 땅이었다. 따라서 '갈릴리'라는 말과 '스불론과 납달리 지경'은 같은 지역을 가리킨다. 또한 '요단 강 저편 해변 길'이라는 말은 이 지역이 지중해로 가는 길이라는 뜻이다.

그런데 왜 갈릴리가 이방 지역일까? 일찍이 앗수르가 이스라엘을 침공했을 때 많은 갈릴리 사람을 포로로 잡아갔다.[5] 포로로 있다가 귀환한 사람들이 다시 갈릴리에 정착했는데, 예루살렘을 중심으로 한 남 유다 사람들은 갈릴리 사람들의 혈통의 순수성을 의심했다. 뿐만 아니라, 갈릴리 지역은 무역이 발달해서 이방인들의 출입이 잦았다. 블룸버그(Craig L. Blomberg)에 의하면, 당시 갈릴리 인구의 절반 이상이 이방인이었다.[6] 또한 세포리스나 디베랴 같은 무역 도시를 통해 이방 문화가 들어와 갈릴리에서 홍행했다. 이와 같은 이방 혈통, 이방 인구, 이방 문화 때문에 갈릴리는 이방의 갈릴리로 불린 것 같다.

예수님은 바로 이러한 이방의 땅으로 제자들을 다시 초청하셨다. 예수님은 제자들의 관심이 복음에 소외된 사람들, 복음이 필요한 지역에 있기를 원하셨기 때문이다. 갈릴리는 바로 복음 전파의 장소고, 예수님은 그러한 곳에 제자들이 생기고 교회가 세워지기를 원하셨다. 그리하여 마침내 제자들이 이방 선교, 즉 모든 민족의 복음화를 위한 비전을 갖기를 원하셨다.

마태복음은 굉장히 히브리적인 특징이 많이 나오는 복음서지만, 그에 못지않게 이방 선교를 강조하는 복음서이기도 하다. 이러한 이방 선교에 대한 강조가 마태복음의 시작과 끝에 나온다. 마태복음의 초반부에 나오는 예수님의 족보는 이방 선교의 비전을 담고 있다. 또한 뒷부분에 있는 지상 명령은 아주 분명하게 이방 선교를 강조하고 있다. 예수님이 제자들을 이방의 갈릴리로 초대하신 것은 이러한 마태복음의 선교 주제와 무관하지 않다. 이것에 대해 좀 더 알아보자.

족보와 이방인

예수님의 족보(마 1:1-18)에는 네 명의 이방 여인이 언급된다(다말, 라합, 룻, 우리야의 아내). 라합은 가나안 여인이고, 룻은 모압 여인이었다. 물론 다말과 밧세바가 이방인이라는 확실한 증거는 없다. 밧세바는 그녀의 남편이 헷 사람 우리야였기 때문에, 그녀도 헷 사람이었을 것으로 추측된다. 특히 마태복음 족보는 그녀의 이름 대신 '우리야의 아내'라는 표현을 쓴다. 아마도 그녀의 이방인 혈통을 나타냄과 동시에, 그녀와 다윗의 부적절한 관계를 강조하려 한 것 같다. [7] 다말은 이방인이라는 문헌도 있고(Philo, Virt. 221), 아니라는 문헌도 있다 (Jub. 41:1; Test. Jud. 10:1). [8]

마태복음 기자는 왜 이 네 명의 여인을 예수님의 족보에 넣었을까? 차라리 사라나 리브가나 라헬과 같은 유명한 이스라엘의 어머니들을 넣는 것이 더 낫지 않았을까? 그러나 기자는 예수님이 세우시는 하나님 나라의 특징을 보여 주기 위해 네 명의 이방 여인을 언급했다. 그 나라는 그리스도 안에서 남자와 여자, 유대인과 이방인이 함께 믿음으로 살아가는 나라가 될 것이기 때문이다.

지상 명령과 이방인

예수님은 승천하시기 전에 그의 제자들을 갈릴리에서 만나, 모든 민족을 제자 삼으라는 명령을 주셨다. 마태복음은 이방 선교 강조로 끝을 맺는다.

"예수께서 나아와 말씀하여 이르시되 하늘과 땅의 모든 권세를 내게 주셨으니 그러므로 너희는 가서 **모든 민족을 제자로 삼아** 아버지와 아들과 성령의 이름으로 세례를 베풀고 내가 너희에게 분부한 모든 것을 가르쳐 지키게 하라 볼지어다 내가 세상 끝 날까지 너희와 항상 함께 있으리라 하시니라"(마 28:18-20).

모든 민족을 제자 삼으라는 명령에서 '민족'은 헬라어 '에뜨노스'의 복수형이다. '에뜨노스'는 단수로는 민족을 뜻하지만, 복수는 이방 민족들을 가리킨다. 앞서 마태복음 4장 15절의 '이방의 갈릴리'에서 '이방'도 '에뜨노스'의 복수형이다. 따라서 예수님은 승천하시기 전에 제자들에게 이방 선교를 촉구하신 것이다(물론 '모든 민족'에는 유대인도 포함된다). 시작 부분인 족보도 이방 선교의 의미를 담고 있고, 끝 부분인 지상 명령도 이방 선교를 강조한다. 제자들의 지평을 유대인을 넘어 이방인에게까지 향하게 하신 것이다.

이러한 마태복음의 맥락에서 부활하신 예수님이 제자들을 이방의 갈릴리로 초청하신 것은 시사하는 바가 적지 않다. 부활하신 예수님은 제자들과 지상에서의 마지막 시간을 보내면서 이방인들을 향한 비전을 심어 주기 원하셨다. 그래서 유대인과 이방인을 포괄하는 모든 민족이 예수님의 제자가 되어 하나님 나라가 열방 가운데 세워지는 것을 꿈꾸셨던 것 같다.

결론

예수님의 빈 무덤 사건에서 세 복음서는 각각 다른 의미로 갈릴리를 언급한다. 마가복음의 갈릴리는 다시 시작하는 장소다. 실패한 제자들이 회복되어 다시 예수님의 제자로 살아가는 장소다. 누가복음의 갈릴리는 말씀의 장소다. 갈릴리에서 예수님이 하셨던 말씀을 기억하는 것이 중요하다. 마태복음의 갈릴리는 이방의 장소다. 예수님은 제자들이 이방 선교에 대한 비전을 갖기를 원하셨다. 종합하면, 갈릴리는 실패한 제자들이 다시 회복되어, 주님의 말씀을 붙들고, 이방 복음화를 위해 나아가는 장소다. 세 복음서는 조화롭게 갈릴리의 의미를 보여 준다.

묵상과 적용

어느 날 식료품을 사기 위해 시내의 한 대형 마트를 방문한 적이 있다. 카트를 끌고 아내와 쇼핑을 하던 중 흥미로운 장면을 목격했다. 매장 여기저기에는 더러 주인 없는 카트가 세워져 있었다. 카트 안에 물건은 있는데 사람이 없었다. 알고 보니 카트와 물건은 놔두고 다른 물건을 찾으러 간 것이었다. 사람들은 자기가 고른 물건과 카트에 별로 신경을 쓰지 않았다.

자기가 사고 싶은 물건을 둘러보느라 카트 안에 담긴 물건은 잘 쳐다보지도 않았다. 그런데 어느 지점을 지나고 나면 태도와 눈빛이 달라진다. 카트 손잡이를 손으로 꼭 잡고 놓지 않는다. 좀처럼 자기 물건에서 시선을 떼지 않는다. 행여 다른 사람이 가져갈까 봐 철저하게 자기 물건을 지킨다. 어느 지점을 지나고 나서부터일까? 계산대다. 계산대에서 값을 치르고 난 후에는 절대로 자기 물건과 떨어지지 않는다. 카트에 바짝 붙어서 자기 물건을 챙긴다.

하나님께서는 예수 그리스도의 핏값으로 우리를 당신의 소유로 삼으셨다. 그러므로 그분은 우리에게서 절대로 시선을 떼지 않으신다. 우리를 놓지 않고 철저히 지키신다. 아들을 희생해서 우리를 사신 하나님은 절대로 포기하지 않으신다. 빈 무덤 사건에 나오는 갈릴리는 이와 같이 포기하지 않는 하나님의 사랑, 그리스도의 사랑을 말해 준다. 주님은 포기하지 않고 자신의 제자들을 용서하신다. 말씀으로 그들을 다시 훈련시켜 신실한 제자가 되게 하신다. 그래서 열방을 위한 위대한 하나님의 사람으로 만드신다.

사도 바울은 포기하지 않으시는 하나님의 사랑을 로마서 8장 끝부분에 소개한다. 로마서는 크게 세 부분으로 나뉘는데, 1-8장은 그리스도인의 구원에 대해, 9-11장은 유대인과 이방인의 관계에 대해, 12-16장은 그리스도인의 삶에 대해 서술한다. 그런데 그리스도인의 구원에 대해 설명하는 첫 부분의 마지막을 포기하지 않는 사랑으로 채운다(롬 8:35-39). 수미상관 형식으로 시작 구절에서 묻고, 끝 구절에서 답을 한다.

> **"누가 우리를 그리스도의 사랑에서 끊으리요** 환난이나 곤고나 박해나 기근이나 적신이나 위험이나 칼이랴 기록된바 우리가 종일 주를 위하여 죽임을 당하게 되며 도살당할 양같이 여김을 받았나이다 함과 같으니라 그러나 이 모든 일에 우리를 사랑하시는 이로 말미암아 우리가 넉넉히 이기느니라 내가 확신하노니 사망이나 생명이나 천사들이나 권세자들이나 현재 일이나 장래 일이나 능력이나 높음이나 깊음이나 다른 **어떤 피조물이라도 우리를 우리 주 그리스도 예수 안에 있는 하나님의 사랑에서 끊을 수 없으리라"**(롬 8:35-39).

우리가 영화롭게 될 때까지 그분의 포기하지 않는 사랑이 우리를 따를 것이라 한다. 모든 것이 합력해서 우리의 영화를 위해 작동하게 하실 것이다. 나폴레옹(Napoléon Bonaparte)이 자기 사전에 불가능이란 없다고 했던가? 그러나 실제로 그의 인생에는 불가능이 많았다. 수많은 전쟁에서 승리한 영웅이었지만, 결국 워털루 전투에서 연합군에게 패하고 완전히 무너진 후 세인트헬레나 섬에 유배되어 마지막에는 병으로 허무하게 인생을 마쳤다. 하지만 전능하신 하나님의 사전에는 포기가 없다. 하나님은 당신이 선택한 자를 절대 포기하지 않으신다. 심지어 내가 나를 포기하는 절체절명의 순간에도 그분은 우리를 향한 사랑을 포기하지 않으신다. 말씀으로 훈련시키시고, 우리로 하여금 그분의 나라를 위해 살게 하신다. 이것이 우리의 삶에 임한 갈릴리다. 당신에게는 이런 갈릴리 경험이 있는가?

시편 139편에서 다윗은 자신을 포기하지 않으시는 하나님을 노래한다. 그는 자기가 새벽 일찍 일어나서 멀리 떠나는 것을 상상한다. 무슨 이유인지 모르겠지만 그는 바다 끝까지 도망친다. 그런데 그 바다 끝에서도 하나님은 여전히 그를 인도하고 붙드신다. 다윗의 하나님, 그분은 포기할 줄 모르는 분이시다.

> "내가 새벽 날개를 치며 바다 끝에 가서 거주할지라도 거기서도 주의 손이 나를 인도하시며 주의 오른손이 나를 붙드시리이다"(시 139:9-10).

바로 이러한 다윗의 하나님, 바울의 하나님이 갈릴리의 하나님이시다. 예수님은 바로 그러한 하나님의 사랑을 제자들에게 실현하신다.

1 마가복음에 나오는 제자들의 부정적인 모습은 무엇이며, 그것을 예수님은 어떻게 다루시는가?

2 마가복음에서 갈릴리는 어떤 장소로 등장하는가?

3 누가복음에는 갈릴리에서 만나자는 언급이 없는 대신 무엇이 나오는가? 이것은 무엇을 의미하는가?

4 마태복음에 나오는 '이방의 갈릴리'가 의미하는 바는 무엇인가?

5 세 복음서에 나오는 갈릴리의 의미 중 최근 당신의 삶에 가장 크게 다가온 의미는 무엇인가? 혹은 앞으로 당신의 삶에서 가장 기억해야 할 의미로 다가온 갈릴리는 무엇인가?

5.

요한복음
빈 무덤 사건

해리슨 포드(Harrison Ford)가 주연한 〈에어
포스 원〉(Air Force One)이라는 영화가 있다.[1] 테러범들이 미
국 대통령 전용기인 에어 포스 원을 납치한 이야기다. 대통령
과 그의 가족 그리고 많은 수행원이 탄 전용기가 테러범들에
의해 공중에서 납치되었다. 그러나 대통령 역할을 맡은 해리
슨 포드가 테러범들을 하나씩 물리치고 마침내 전용기 안에
있던 사람들을 구해 낸다. 하지만 전용기가 너무 많이 망가져
도저히 계속 타고 갈 수가 없게 되었다. 그래서 사람들을 옮
겨 싣기 위한 수송기가 파견된다. 대통령의 지휘 아래 추락하
는 전용기에 있던 사람들이 하나둘씩 수송기에 옮겨진다. 한
편, 지상에서는 대통령의 생존 여부가 초미의 관심사다. 계속
해서 수송기에 무전을 친다. 대통령이 옮겨 탔는지 확인한다.
마침내 모든 사람이 수송기로 옮겨지고, 마지막으로 대통령
이 탈출해서 수송기에 탑승한다. 지상에서 대통령의 생존 여
부를 지속적으로 물어 오자 이윽고 수송기가 응답한다. "본부

나와라. 이제 이 수송기가 에어 포스 원이다!" 이에 지상에서 초조하게 기다리던 사람들이 뜨겁게 환호한다. 그리고 이제 에어 포스 원이 된 수송기 주위를 공군 전투기들이 둘러싸며 호위한다.

대통령이 탑승하기 이전, 수송기는 지극히 평범한 비행기였다. 아니, 대통령 전용기에 비해 너무 보잘것없었다. 그러나 오직 한 가지 이유만으로 수송기의 존재는 180도 바뀐다. 대통령의 탑승이다. 대통령의 탑승 후 수송기는 정체성이 바뀐다. 아무리 초라하고 보잘것없어도, 대통령이 탄 비행기는 에어 포스 원이 된다. 가장 중요한 비행기가 된다. 모든 이의 주목을 받으며 철저하게 보호받는다. 그리스도인의 정체성도 마찬가지다. 그리스도를 내 안에 모신 후 우리의 존재는 완전히 달라진다. 새 생명, 새 존재, 새 창조의 신비가 우리 안에 일어난다. 아무리 하찮은 인생일지라도 그분이 우리 안에 계시면 놀라운 일이 일어난다.

요한복음 빈 무덤 사건은 그리스도인의 이러한 놀라운 새 창조가 예수님의 부활에 기초한다는 것을 보여 준다. 부활이요, 생명인 예수께서 살아나시어 자신을 믿는 자에게 생명을 주신다. 믿음으로 그를 모시고 그와 연합한 자는 영원히 살게 된다. 나중에 일어날 일이 아니라, 믿는 그 순간부터 현실이 된다. 새 창조된 존재로 영원히 주님과 함께 산다. 이것이 요한복음이 말하는 부활이요, 새 창조다.

새 창조와 부활

요한복음에서 예수님의 부활은 표적이라 일컬어진다. 십자가
와 부활은 표적 중의 표적이며, 가장 큰 표적이다.[2] 표적이란
예수님이 공개적으로 행하시는 기적을 말한다. 표적을 통해
예수님은 자신이 하나님의 아들, 그리스도임을 드러내신다.
그리하여 그를 믿는 자로 하여금 생명을 얻게 하신다. 요한복
음은 이러한 표적을 담은 책이며, 이 책을 읽고 예수님을 받
아들이는 자마다 새롭게 창조되어 새로운 존재가 된다. 이런
사실이 십자가와 부활 사건 말미에 언급된다.

"예수께서 제자들 앞에서 이 책에 기록되지 아니한 다른 표적
도 많이 행하셨으나 오직 이것을 기록함은 너희로 예수께서
하나님의 아들 그리스도이심을 믿게 하려 함이요 또 너희로
믿고 그 이름을 힘입어 생명을 얻게 하려 함이니라"(요 20:30-31).

따라서 부활은 새 창조를 위한 표적이라 할 수 있다. 부활
을 통해 하나님의 아들, 예수 그리스도로 말미암아 우리가 생

명을 얻기 때문이다. 생명은 새 창조의 가장 중요한 요소다. 첫 창조에서 생명이 시작되었듯이, 새 창조에서는 새 생명이 시작된다. 이러한 새 창조와 생명의 관계는 요한복음 초반에 서부터 분명히 드러난다. 첫 창조에서 예수님을 통해 만물이 창조되었듯이, 이제 새 창조에서도 생명의 빛이신 예수님을 통해 새 창조가 일어난다(요 1:3-5). 그리고 이제 요한복음 말미에서, 예수님은 죽음에서 살아나 자신이 그를 믿는 모든 자에게 생명을 주는 하나님의 아들이라는 사실을 보여 주신다. 예수님은 생명 자체이기 때문에, 믿음으로 그와 연합한 자는 생명을 얻고 새롭게 창조된다(요 11:25-26). 물론 육체의 부활은 예수님의 재림 때 일어날 것이다(요 5:28-29). 그러나 믿음으로 그와 연합한 자는 지금, 여기서부터 새로운 신분을 얻고 새로운 존재가 된다(요 5:24-25). 새 창조의 하나님 나라 백성이 된다.

예수님의 부활의 새 창조적 성격은 부활 기사에 나오는 두 표현에 의해 더 강조된다. 첫 번째 표현은, '동산지기'다(요 20:15). 마리아는 부활하신 예수님을 동산지기로 오해한다.

"예수께서 이르시되 여자여 어찌하여 울며 누구를 찾느냐 하시니 마리아는 그가 동산지기인 줄 알고 이르되 주여 당신이

옮겼거든 어디 두었는지 내게 이르소서 그리하면 내가 가져가
리이다"(요 20:15).

예수님을 동산지기로 오해했다는 것은 그곳이 동산이라는
뜻이다.³ 예수님은 동산에 묻히시고, 동산에서 부활하셨다. 요
한복음은 다른 세 복음서와 달리 예수님이 동산에서 체포되
고, 묻히고, 부활하신 것을 강조한다(요 18:1, 19:41). 다른 복음
서는 예수님이 바위 속에 판 무덤에 묻히셨다고 한다(마 27:60;
막 15:46; 눅 23:53). 그러나 요한복음은 예수님이 동산에 있는
무덤에 장사되셨다고 한다(요 19:41). 그리하여 마리아는 부활
하신 예수님을 동산지기인 줄 착각한다. 이러한 요한복음의
표현은 예수님의 십자가와 부활을 에덴동산과 연결 짓는 것
으로 보인다. 첫 창조에 에덴동산이 나오는 것처럼, 이제 새
창조에 동산이 언급된 것이다.

다른 한편, 안식 후 첫날 저녁에 예수님은 제자들에게 나타
나 숨을 내쉬며 성령을 받으라고 하셨다. 이때 숨을 내쉬는 표
현을 위해 사용된 헬라어 '엠퓌사오'는 70인역(헬라어 구약성경)
창세기 2장 7절에 나오는 단어다(요 20:22). 하나님이 흙으로
아담을 창조할 때 그 코에 생기를 불어넣으셨는데, 이때 쓰인
단어가 '엠퓌사오'다. 제자들을 향한 예수님의 성령 주심은 창
세기의 첫 창조를 생각나게 하는 새 창조 사건이라는 것을 알

수 있다. '엠퓌사오'는 또한 에스겔 37장의 마른 뼈 환상에도 나온다. 에스겔이 하나님의 말씀을 대언하자, 골짜기에 누워 있던 마른 뼈들에 힘줄이 생기고 살이 오르며 가죽이 덮인다. 그리고 생기가 불어 마침내 마른 뼈들은 거대한 하나님의 군대가 된다. 이 환상은 포로로 잡혀 절망 가운데 있던 에스겔과 이스라엘에게 주신 하나님의 회복의 약속이다. 새 창조의 약속이다. 이때 생기가 불어 죽은 사람들이 살아나는 장면에 쓰인 단어가 '엠퓌사오'다(겔 37:9). 따라서 예수님이 제자들에게 성령을 주시는 장면은 죽은 사람들이 살아나고, 새로운 이스라엘이 시작되는 것을 암시한다.

이와 같이 요한복음은 예수님의 부활이 새 창조를 위한 표적임을 밝힌다. 부활을 통해 예수님의 정체성이 드러나고, 그를 믿는 자로 하여금 생명을 얻어 새 존재가 되게 한다. 새 창조의 하나님 나라 백성이 되게 한다.

새 창조와 제자들

요한복음 빈 무덤 사건에는 다른 복음서에 있는 기적이나 천사의 활약에 대한 언급은 없다. 그 대신 등장인물들의 개성이 특징적으로 묘사된다. 막달라 마리아와 베드로, 예수님이 사랑하시는 제자의 특성이 드러난다. 그런데 예수님은 이들의 특성을 고려해서 하나님 나라를 위해 적절하게 사용하신다. 새 창조의 하나님 나라에서 예수님은 제자들의 단점은 감추고 장점을 살려 주신다.

막달라 마리아

누가복음에 따르면, 막달라 마리아는 일찍이 일곱 귀신이 들렸던 자였으나 예수님을 만나 치유 받고 그를 따랐다. 그리고 자신의 소유로 예수님을 섬기던 여인들 중의 하나였다 (눅 8:1-3). 그녀는 충성스럽게 예수님을 따랐다. 십자가에도 갔고, 이제 무덤에도 찾아왔다. 요한복음에 따르면, 베드로와 사랑하시는 제자가 무덤을 떠난 후에도 그녀는 그곳을 좀처럼 떠나지 않는다. 일편단심, 초지일관 예수님께 충성된 모습이다.

그러나 다른 한편으로는 대책 없이 무덤에서 울고 있는 고지식한 면도 있다. 무덤을 지키던 경비병을 찾든지, 아니면 무덤 주위에 혹시 있을 사람들에게 그 이유를 물어볼 수도 있었을 것이다. 문제를 해결하기 위해 뭔가 할 수 있었을 텐데, 마냥 슬퍼서 울고 있다.

하지만 예수님은 그녀의 무대책, 고지식한 면을 감추고 충성됨을 사용하신다. 베드로도 아니고, 사랑하시는 제자도 아니고, 막달라 마리아를 부활의 첫 증인으로 사용하신다. 요한복음에서 '증언' 혹은 '증인'은 중요한 주제다. 예수님도 증인이시고, 성령도 증언하시는 분이다. 마리아는 예수님과 성령을 닮은 증인이다. 요한계시록에는 '충성된 증인'이 계속해서 언급된다(계 1:5, 2:13). 충성됨은 증인의 가장 중요한 덕목이다. 증인은 어떤 고난이 오더라도 자기가 목격한 바를 그대로 전달할 수 있는 충성됨이 필요하다. 마리아는 바로 그러한 충성된 증인으로서 예수님께 쓰임 받는다.

베드로

베드로는 요한복음에서 열정적인 모습으로 묘사된다. 십자가를 앞두고 예수님이 지금은 따라올 수 없다고 하자, 주를 위해 목숨을 버리겠다고 고백한다(요 13:37). 또한 예수님이 대제사장들과 바리새인들의 아랫사람들에 의해 체포되어 끌려가시자, 대제사장의 종을 때리고 칼로 그의 오른편 귀를 베어버린다(요 18:10). 다른 한편, 갈릴리 바다에서 자신들에게 고기가 있는 위치를 알려 준 분이 예수시라는 말을 듣고, 곧장 겉옷을 두른 후 바다로 뛰어내린다(요 21:7). 빈 무덤 사건에서는 무덤에 도착하자마자 곧장 무덤 안으로 들어간다(요 20:6). 무덤 밖에서 안을 들여다볼 뿐, 들어가지 않는 사랑하시는 제자와 비교되는 모습이다.

그러나 곧장 예수님을 부인하는 가벼운 모습도 있다. 주를 위해 목숨을 버리겠다고 했으나, 사람들 앞에서 예수님을 세 번이나 부인한다(요 18:15-18, 25-27).

하지만 예수님은 베드로의 열정을 귀하게 여겨 그에게 자신의 양을 맡기신다(요 21:15-17). 이에 앞서 세 번 부인한 베드로가 세 번 사랑 고백을 할 수 있는 기회를 주셔서, 그의 마음을 먼저 회복시키신다. 그리고 그를 목숨을 바쳐 양을 지키는 목자로 사용하신다(요 21:18-19). 목숨을 바쳐 양을 지키는 모습은 일찍이 선한 목자이신 예수님의 모습이었다(요 10:15). 그런데 이제 베드로가 예수님을 닮은 목자로 초대된다. 예수님은 베드로의 열정을 더 견고하게 해, 목숨을 버려 주님의 양을 지키게 하신다.

나중에 베드로는 자신의 편지에서 예수님을 목자장으로, 장로들을 목자로 언급한다(벧전 5:2-4). 목자는 더러운 이득을 위하거나 억지로 양 무리를 치지 말라고 한다. 자원함으로 기꺼이 목양하라고 한다. '기꺼이'로 번역된 헬라어 '프로뛰모스'는 기쁜 마음으로 열정을 가지고 적극적으로 하는 것을 뜻한다. 예수님이 그의 열정을 귀하게 여겨 주신 것처럼, 그는 다른 목자들에게 그러한 열정으로 주님과 양을 사랑하라고 권면한다.

예수님이 사랑하시는 제자

빈 무덤 사건에서 요한복음은 예수님이 사랑하시는 제자의 신중함을 보여 준다. 그는 베드로보다 먼저 무덤에 도착했지만, 무덤에 들어가지 않고 무덤 안을 들여다본다(요 20:5). 베드로가 먼저 들어가자 따라 들어간다. 그리고 무덤 안을 주의 깊게 둘러본다. 세마포가 놓여 있고, 머리를 쌌던 수건은 세마포와 함께 있지 않고 딴 곳에 쌌던 대로 놓여 있는 것을 본다(요 20:7). 그리고 나중에 자신이 유심히 보았던 것을 상세하게 기록한다.

그러나 베드로와 달리 무덤에 먼저 도착했지만 쉽게 그 안으로 들어가지 못하는 것은 그의 적극적이지 않은 소심한 모습이다. 예수님의 십자가까지 따라간 그였지만, 막상 무덤 앞에서는 주저하는 모습을 보인다.

하지만 예수님은 사랑하시는 제자의 신중함을 사용해서 세심한 기록자가 되게 하신다. 예수님이 사랑하시는 제자는 복음서를 기록하는 증인의 역할을 하는데(요 21:24), 자신이 보고 들은 바를 꼼꼼하고 세심하게 기록한다(요일 1:1-2). 요한은 예수님이 사랑하시는 자로서 바울 다음으로 성경을 많이 기록한 기자다.

이와 같이 마리아와 베드로와 사랑하시는 제자의 인물별

특성이 빈 무덤 사건에 잘 나타난다. 이들은 저마다 단점을 가지고 있었다. 마리아는 무덤에서 대책 없이 울고 있었다. 심지어 처음에는 부활하신 예수님을 알아보지 못했다(요 20:15). 베드로는 예수님을 부인한 배신자였다. 예수님이 사랑하시는 제자는 소심한 사람이었다. 이들은 무덤 안을 보았지만 예수님의 부활을 깨닫지 못한, 영적으로 무지한 자들이었다(요 20:9).

그러나 예수님은 그들의 단점을 덮고 장점을 사용하셨다. 마리아의 충성, 베드로의 열정 그리고 요한의 신중함을 사용해서 자신의 뜻을 이루셨다. 마리아를 그의 부활의 증인으로, 베드로를 위대한 목자로, 요한을 세심한 기록자로 사용하셨다.

예수님은 우리의 약함을 알고 계신다. 나도 나의 약함을 아는데, 예수님이 모르시겠는가? 그러나 예수님은 우리의 약함을 덮으신다. 그리고 우리의 강점을 사용해서 자신의 뜻을 이루신다. 그분의 교회를 세우고, 그분의 나라를 완성해 가신다. 이것이 새 창조의 하나님 나라 모습이다.

새 창조와 주일

빈 무덤 사건을 비롯한 요한복음 부활 기사에는 특별히 '안식 후 첫날'이라는 '주일'이 강조된다. 물론 다른 복음서도 예수님의 부활이 안식 후 첫날에 일어났다고 기록한다. 그러나 요한복음은 다른 복음서와 달리, 예수님이 세 번에 걸쳐 주일에 제자들에게 나타나신 것을 언급한다. 그 세 번은 다음과 같다. 첫째, 안식 후 첫날에 빈 무덤가에서 울고 있는 마리아를 만나신다(요 20:1-18). 둘째, 안식 후 첫날 저녁에 두려워 숨은 제자들에게 나타나신다(요 20:19-23). 셋째, 여드레를 지나서 도마와 제자들에게 다시 나타나신다(요 20:26-29). 도마는 예수님이 두 번째 나타나실 때 거기에 있지 않았다. 다른 제자들이 부활하신 예수님을 보았다고 했으나 믿지 않았다. 이에 예수님은 여드레를 지나 도마와 제자들에게 다시 오셨다. 유대인들은 당일을 첫째 날로 계산했다. 따라서 여드레가 지났다는 것은 곧 일주일 후라는 말이다. 안식 후 첫날, 곧 주일에 또 오신 것이다.

　이와 같이 요한복음은 주일에 오시는 예수님을 강조한다. 주일에 제자들이 모였을 때 그들에게 와서 자신을 나타내셨다. 이러한 주일 강조 모습은 요한계시록에도 나온다.

"나 요한은 너희 형제요 예수의 환난과 나라와 참음에 동참하는 자라 하나님의 말씀과 예수를 증언하였음으로 말미암아 밧모라 하는 섬에 있었더니 **주의 날**에 내가 성령에 감동되어 내 뒤에서 나는 나팔 소리 같은 큰 음성을 들으니"(계 1:9-10).

밧모 섬에 갇혀 있던 사도 요한은 '주의 날'(주일)에 환상을 보고, 본 것을 아시아의 일곱 교회에 편지로 보내라는 음성을 듣는다. 요한이 보고 들은 계시가 주일에 임했다는 것을 나타낸다.

아마도 신약성경 중 가장 나중에 기록된 요한복음이나 요한계시록에는 주일 모임이 좀 더 강조된 듯하다. 다시 말하면, 1세기 말에 어느 정도 교회의 주일 모임이 정례화되었을 때, 하나님께서는 요한을 통해 주일(안식 후 첫날)에 나타나신 예수님을 기억나게 하고 강조하게 하신 것이다. 그만큼 십자가와 부활을 기념하는 교회의 주일 예배는 소중하고 의미 있는 전통이라는 뜻이다. 부활하신 예수님은 1년 365일, 아무 때나 자신의 사람들을 찾아오신다. 개인적으로 묵상하거나 기도할 때뿐만 아니라, 우리가 길을 걷거나 사람들과 만날 때도 우리를 찾아오신다. 그러나 주님은 특히 주일에 자신의 백성에게 나타나기를 즐겨 하신다. 그의 십자가와 부활을 믿고, 삼위 하나님을 찬송하는 주일 예배에 강력하게 임재하신다.

그와 연합한 새 창조의 사람들이 그가 주시는 은혜로 이 세상을 살게 하신다.

슬퍼하는 마리아

요한복음 빈 무덤 사건에는 마리아의 울음이 부각된다. 마리아가 울고 있다는 표현이 반복된다(요 20:11, 13, 15). 예수님의 부활을 알지 못해서, 또 시신을 도둑맞은 줄 알고 마리아는 슬퍼하며 울고 있었다. 예수님은 그런 마리아에게 나타나셨다. 그녀의 이름을 부르며, 부활하신 자신의 몸을 보여 주셨다. 그러자 마리아는 부활하신 주님을 만나 기뻐하며 그분을 붙잡았다. 이처럼 주일은 부활하신 주님이 우리의 슬픔 가운데 찾아오시는 날이다. 우리의 슬픔을 기쁨으로 바꾸시는 날이다.

공생애 사역 기간 동안 예수님은 자주 슬픈 자들을 위로하셨다. 그들의 슬픔이 기쁨이 되도록 하셨다. 나사로를 잃은 그의 가족과 조문객들은 울며 슬퍼했다(요 11:33). 예수님은 그들의 슬픔에 함께 아파하며 나사로를 일으키셨다. 그리하여 사람들의 슬픔을 기쁨으로 바꾸셨다. 예수님은 또한 외아들을 잃고 울고 있는 나인 성 과부에게 울지 말라 하며 그 아들을 살려 주셨다(눅 7:11-16). 이처럼 예수님은 우는 자들로 웃게 하기 위해 세상에 오셨다(눅 6:21). 예수님이 계신 곳에는 슬픔이 기쁨으로 바뀐다. 그런데 요한복음은 슬픔을 기쁨으로 바꾸는 예수님의 이런 사역이 바로 주일에 일어날 것을 보여 준다.

두려워하는 제자들

제자들은 유대인들을 두려워하며 모인 곳의 문들을 닫았다. '문들'이라는 표현은 제자들이 여러 문을 잠갔다는 뜻이다. 그만큼 두려웠다는 말이다. 예수를 잡아 죽인 유대인들이 그를 따르던 무리를 가만둘 리 없다고 생각한 것이다. 그런데 부활하신 주님이 두려워하는 제자들에게 나타나 평강의 인사를 건네며 자신의 손과 옆구리를 보여 주셨다. 제자들이 그의 부활을 확실히 목격하도록 하셨다. 그래서 두려움이 평강으로 바뀌도록 하셨다.

예수님은 그의 공생애 사역 동안 자주 '두려워하지 말라'고 하셨다. 몸은 죽여도 영혼은 능히 죽이지 못하는 자들을 두려워하지 말라고 하셨다(마 10:28). 바다 위로 걸어오시는 예수님을 알아보지 못하고 두려워하는 제자들에게도 두려워하지 말라고 하셨다(요 6:20). 그리고 십자가를 지시기 전 자신의 떠남을 두려워하는 제자들에게 두려워하지 말라고 하시며 평강을 주셨다.

"평안을 너희에게 끼치노니 곧 나의 평안을 너희에게 주노라 내가 너희에게 주는 것은 세상이 주는 것과 같지 아니하니라 너희는 마음에 근심하지도 말고 두려워하지도 말라"(요 14:27).

예수님은 우리의 두려움을 가져가고 평강을 주시는 분이다. 주일 예배에서 우리로 모든 걱정과 근심을 주님께 맡기고 그분을 의지하게 하신다. 그리하여 평강으로 세상을 살아가게 하신다.

의심하는 도마

예수님은 도마의 의심을 확신으로 바꾸셨다. 부활절 저녁, 예수님이 제자들에게 나타나셨을 때 도마는 그 자리에 없었다. 다른 제자들로부터 예수님의 부활 소식을 들었지만 그는 믿지 않았다. 예수님의 몸을 만져 보지 않고는 부활을 믿을 수 없다고 했다. 그러자 예수님이 그 다음 주일에 이런 의심하는 도마에게 나타나 자신의 손과 옆구리를 만지도록 허락하셨다. 그리고 믿는 자가 되라고 격려하셨다. 보지 않고 믿는 믿음을 강조하셨다.

의심이 확신으로 바뀐 예는 요한복음 초반부에도 나온다. 나다나엘의 의심과 확신이다. 빌립이 나다나엘을 만나 구약에서 예언한 메시아를 만났다며, 그분이 바로 나사렛 예수시라고 한다. 그러나 처음에 나다나엘은 그 말을 믿지 않았다.

"나사렛에서 무슨 선한 것이 날 수 있느냐"(요 1:46).

빌립의 인도로 나다나엘이 예수님께 올 때, 예수님은 나다나엘을 참 이스라엘 사람이라 칭찬하며 그가 무화과나무 밑에 있을 때부터의 일을 말씀하신다. 그러자 나다나엘은 예수님을 하나님의 아들, 이스라엘의 임금으로 고백한다. 나다나엘의 의심이 확신으로 바뀌는 순간이다.

이처럼 요한복음은 나다나엘의 의심과 확신에서 시작해서 도마의 의심과 확신으로 마친다. 예수님은 의심하는 자들에게 찾아가 그들의 의심이 확신이 되도록 하신다. 특히 도마에게는 '보지 않고 믿는 믿음'의 중요성에 대해 역설하신다(요 20:29). 예수님의 승천 후, 주일 예배에서는 예수님에 대한 증언이 선포될 것이다. 그리고 청중들은 예수님을 직접 보지 않았을지라도 그 증언에 믿음으로 반응하며 삼위 하나님을 높일 것이다.

요한복음에서 증언을 듣고 믿는 것은 매우 중요하다. 예수님이 승천하신 후 사람들은 제자들의 증언을 듣고 예수님의 부활을 믿어야 하기 때문이다. 제자들은 성령으로 예수님의 생애와 사역을 증언할 것이다. 예수님은 성령으로 나타나서 그들에게 믿음을 일으키실 것이다. 특별히 주일 예배를 통해 예수님은 사람들의 의심을 확신으로 바꾸실 것이다. 예수님에 대한 의심, 하나님의 주권에 대한 의심, 하나님의 사랑에 대한 의심을 바꾸실 것이다.

이와 같이 예수님은 그를 믿는 자의 내면에 기쁨과 평강과 확신을 창조하신다. 슬픔을 기쁨으로, 두려움을 평강으로, 의심을 확신으로 바꾸신다. 특히 주일 모임을 통해 이런 일을 행하신다. 우리가 부활하신 주님의 이름으로 모여 십자가와 부활을 기념할 때 우리를 새롭게 하신다. 그리하여 새 창조의 하나님 나라를 위해 우리의 일상을 살게 하신다.

결론

예수님의 부활은 그가 하나님의 아들, 곧 그리스도시라는 것을 드러내는 표적이다. 이 표적을 보고 하나님의 아들, 예수 그리스도를 믿는 자는 그가 부활하신 것처럼 부활해서 생명을 얻는다. 먼저는 그 사람의 영혼이 생명을 얻고, 나중에는 육체마저 부활해 새 하늘과 새 땅에서 영원히 살게 된다. 따라서 예수님의 부활은 그를 믿는 자로 하여금 지금 이 땅에서부터 새 창조의 하나님 나라 백성으로 살게 한다. 우리 안에 정체성의 혁명을 일으켜, 이전과는 전혀 다른 존재가 되게 한다.

이 세상에서 하나님 나라의 백성으로 사는 동안 부활하신 주님은 은사와 재능을 따라 자신의 백성을 사용하신다. 약점은 감추고 강점은 살려서 자신을 위해 살게 하신다. 막달라 마리아, 베드로, 사랑하시는 제자의 강점을 사용해서 하나님 나라를 이루어 가신 것처럼 말이다. 주님은 마리아의 충성을 사용해서 최초의 증인이 되게 하시고, 베드로의 열정을 사용해서 예수님을 닮은 목자가 되게 하시며, 사랑하시는 제자의 세심함을 사용해서 요한복음을 기록하게 하셨다.

요한복음은 또한 부활하신 주님이 주일에 나타나 그의 제자들을 다독이셨다는 것을 기록한다. 슬퍼하는 마리아에게는 기쁨을, 두려워하는 제자들에게는 평안을 그리고 의심하는 도마에게는 확신을 창조하셨다. 그리하여 요한복음을 읽는 사람들로 하여금 주일 모임에 임재하시는 예수님을 기대하게 한다. 주일마다 부활하신 주님을 성령 안에서 새롭게 만나 새로운 힘을 얻게 한다. 그분은 우리의 슬픔을 기쁨으로, 두려움을 평강으로, 의심을 확신으로 바꾸는 새 창조의 주인이시다. 이러한 주님의 역사로 낙심과 좌절 가운데서도 제자들은 새 창조의 하나님 나라를 위해 힘차게 살아갈 수 있다.

묵상과 적용

소설가 이순원은 1988년 문학사상 신인상을 받았고, 그 후 동
인문학상, 현대문학상, 이효석문학상, 동리문학상 등을 차례
로 수상했다. 다수의 소설이 대중의 고른 지지를 받고 있으
며, 특히 그의 작품《아들과 함께 걷는 길》(실천문학사)은 초등
학교 교과서에 실리기도 했다. 그런데 그는 사실 어린 시절
그렇게 두각을 나타내는 문학 소년은 아니었다. 교내 백일장
에서도 떨어지고, 어쩌다 군 대회에 나가도 입상 한 번 해 본
적이 없었다고 한다. 그런데 초등학교 5학년 때, 당시 '희망
등' 선생님이라고 불리는 한 선생님을 만나고 자신의 삶이 달
라졌다고 한다.[4]

어느 날, 그때도 군 대회에 나갔다가 빈손으로 돌아와서 낙
심하여 풀이 죽은 이순원에게 그 선생님은 다음과 같이 말했
다고 한다.

매화나무는 나무들 가운데에서도 가장 이른 봄에 꽃을 피우
는 나무란다. 그런 매화나무 중에서도 다른 가지보다 더 일찍

피는 꽃이 사람들의 눈길을 끌지. 다른 가지에서는 아직 꽃이 피지 않았는데 한 가지에서만 일찍 꽃이 피니 말이야. 그렇지만 이제까지 살면서 선생님이 보기에 그 나무 중에 제일 먼저 핀 꽃들은 열매를 맺지 못하더라. 제대로 된 열매를 맺는 꽃들은 늘 더 많은 준비를 하고 뒤에 피는 거란다. 이번 군 대회에 나가서 아무 상도 받지 못하고 오니까 속이 상하지? 나는 네가 그렇게 어른들 눈에 보기 좋게 일찍 피는 꽃이 아니라, 이 다음에 큰 열매를 맺기 위해 천천히 피는 꽃이라고 생각한다. 너는 지금보다 어른이 되었을 때 더 재주를 크게 보일 거야. 선생님이 보기에 너는 클수록 점점 더 단단해지는 사람이거든.[5]

이때부터 이순원은 닥치는 대로 독서를 했다고 한다. 심지어 열두 권짜리 《한국문학대계》를 독파했고, 어른들이 읽는 《삼국지》를 몇 번이고 읽었다. 물론 그렇다고 그 이후로 탄탄대로를 걸은 것은 아니었다. 성인이 되어서도 실패의 연속이었다. 본격적인 작가 수업을 하고도 신춘문예에 열 번이나 넘게 떨어졌다. 처음 몇 해는 그럴 수 있다고 스스로를 위로하며 버텼지만, 자꾸 떨어지니 자신감이 없어졌다. 그러나 그때마다 '희망등' 선생님의 말씀을 떠올렸다. 초등학교 시절, 자신의 재능을 알아봐 주시고, 나중에 피어 열매를 맺을 것이라는 그의 말씀이 큰 힘이 되었다.

일반적으로 우리는 상대방의 허점이나 결점을 보는 데 익숙하다. 그리고 뒤에서 비웃거나 수군거린다. 흡사 예수님 당시 유대인들의 모습과 같다. 그들은 세례 요한이 먹지도 않고 마시지도 않으니 귀신이 들렸다고 했다. 그런데 예수님은 와서 먹고 마시니, 먹기를 탐하고 포도주를 즐기는 사람이요, 세리와 죄인의 친구라고 비난했다. 어떻게 해서든 꼬투리를 잡아 깎아내리려 했다. 잘하는 것보다는 못하는 것에 집중했다. 그러나 예수님은 그렇지 않으시다. 그분은 격려하고 세워 주는 것을 좋아하신다. 그래서 자신을 믿고 따르는 자의 약점을 자신의 피로 덮고 강점을 살려 주신다. 은사와 재능을 잘 발휘할 수 있도록 참고 격려해 주신다.

때로는 쉽게 열매가 드러나지 않아 낙심하고 좌절하기도 한다. 나는 잘할 수 있을 것인지 회의가 들기도 한다. 자신의 신세가 처량하게 느껴지기도 하고, 미래가 걱정되기도 한다. 그러나 그때마다 우리 안에 기쁨과 평강과 확신을 창조해서 주님을 위해 살게 하신다. 특히 주일 예배는 부활하신 주님을 만나는 절호의 기회다. 말씀과 기도와 찬송을 통해 성령으로 우리를 찾아오신다. 우리의 슬픔을 기쁨으로, 우리의 불안을 평강으로, 우리의 의심을 확신으로 바꾸신다. 그러면 우리는 부활하신 주님이 내 곁에 계신 것을 믿고 다시 일어선다. 이처럼 주님은 우리의 강점과 약점을 아시며, 우리의 강점이 열매 맺어 그분께 영광이 되게 하신다.

1 요한복음에서 예수님의 부활은 무엇을 의미하는가? 표적, 예수님의
   정체성, 믿음, 생명의 관점에서 설명해 보자. 또한 예수님의 부활은
   당신의 존재에 어떤 영향을 미치는가?

2 막달라 마리아, 베드로, 예수님이 사랑하시는 제자의 장점과 단점은
   무엇인가? 그리고 예수님은 그들을 어떻게 사용하셨는가?

3 당신의 장점과 단점은 무엇이며, 하나님은 그것을 어떻게 사용하
   셨는가?

4 요한복음이 유독 주일에 나타나신 예수님을 강조하는 것은 무엇 때
   문인가?

5 주일 예배를 통해 슬픔이 기쁨으로, 두려움이 평강으로, 의심이 확신
   으로 바뀐 경험이 있으면 나누어 보자.

왜 우리를 주목하느냐

사복음서의 빈 무덤 사건은 예수님의 부활에 나타난 다양한 신학적, 신앙적 의미를 소개한다. 그런데 이 모든 의미의 중심에는 우리를 향한 물음이 있다. '너는 누구를 주목하느냐?'

1. 마태복음 빈 무덤 사건에 따르면, 예수님의 부활은 하나님의 임재의 증거다. 예수님의 무덤가에서 일어난 지진은 하나님의 임재를 가리킨다. 하나님이 임재하시면 부활이 일어나고, 기쁨이 찾아오고, 예배가 회복된다. 하나님이 임재하시면 예수님처럼 우리도 살아날 것이다. 예수님을 만나 기쁨을 얻을 것이다. 모든 사람이 예수님을 경배하는 예배의 회복이 일어날 것이다. 따라서 예수님의 부활은 우리로 하나님의 임재 안에서 예수님을 만나게 한다.

2. 마가복음 빈 무덤 사건에 따르면, 예수님의 부활은 하나님의 인정이다. 부활을 통해 예수님은 하나님에 의해

공개적으로 하나님의 아들, 그리스도로 인정받으셨다. 또한 예수님의 무덤가에는 하나님에 의해 이루어진 일들이 나온다. 하나님에 의해 여인들을 가로막던 돌이 굴려지고, 하나님에 의해 여인들이 증인으로 쓰임 받는다. 따라서 예수님의 부활은 하나님에 의한 수동태 삶을 우리에게 제시한다.

3. 누가복음 빈 무덤 사건에 따르면, 예수님의 부활은 말씀의 성취다. 사람들에 의해 이 모든 일이 벌어진 것 같지만, 사실은 하나님의 계획과 예수님의 말씀대로 이루어진 사건이다. 따라서 말씀이 강조된다. 그래서 제자들은 말씀을 신뢰하며 말씀을 기억하도록 요구받는다. 말씀을 지키도록 요구받는다. 따라서 예수님의 부활은 우리로 하여금 말씀에 초점을 맞추게 한다.

4. 요한복음 빈 무덤 사건에 따르면, 예수님의 부활은 새 창조를 위한 표적이다. 부활은 예수님이 하나님의 아들, 그리스도시라는 것을 드러내고, 그를 믿는 자로 하여금 생명을 얻어 새로운 존재가 되게 한다. 새 창조의 하나님 나라 백성으로 살게 한다. 그 나라에서 예수님은 우리의 약점을 감추고 강점을 살려 주신다. 심지어

좌절하고 넘어질 때도 주일에 우리를 찾아와 우리 안에 기쁨과 평강과 확신을 창조하신다. 따라서 예수님의 부활은 우리를 새롭게 하시는 예수님을 소망하게 한다.

5. 마태복음, 마가복음, 누가복음 빈 무덤 사건에 따르면, 갈릴리는 제자들의 훈련과 성장을 위한 예수님의 포기하지 않는 사랑을 나타내는 장소다. 세 복음서의 빈 무덤 사건에는 갈릴리가 각각 특징적으로 소개된다. 마태복음에서는 이방 선교의 장소다. 마가복음에서는 다시 시작하는 장소다. 누가복음에서는 말씀의 장소다. 부활하신 예수님은 실패한 제자들을 포기하지 않으신다. 갈릴리에서 제자들을 말씀으로 다시 훈련시켜 모든 민족을 향한 비전을 갖게 하신다. 따라서 갈릴리는 우리로 하여금 예수님의 포기하지 않는 사랑을 의지하게 한다.

그리하여 사복음서의 빈 무덤 사건은 우리로 하여금 하나님을 주목하고, 예수님을 주목하게 한다. 하나님의 임재와 하나님에 의한 역사, 예수님의 말씀과 그의 새 창조 사역을 보면서 하나님/예수님을 주목하며 살도록 우리를 격려한다.

일찍이 20세기 대표 지성인이라고 불리던 버트런드 러셀(Bertrand Russell)은 기독교를 비판하며 과학이 희망이라고 역설

했다.[1] 비논리적이며 비이성적인 기독교를 믿지 말고, 과학이 주는 논리와 확실성을 신뢰하라고 했다. 《사피엔스》,《호모 데우스》 등으로 유명한 유대인 학자 유발 하라리(Yuval Harari)는 이제 인간이 신이 되는 것을 꿈꿀 것이라 한다.[2] 지나간 시대에 굶주림, 역병, 전쟁을 정복한 인간은 이제 불멸하는 신성을 추구할 것이라 한다. 인간이 신이 되는 시대다. 그러나 과학도 아니고, 인간도 아니다. 하나님/예수님을 주목하는 길만이 우리 모두의 희망이요, 인류가 살길이다.

사도행전 3장에는 사람들의 주목을 끈 놀라운 일이 나온다(행 3:1-26). 베드로와 요한이 기도하러 성전에 갔다가 한 사람을 만나는데, 날마다 성전 미문에서 구걸하며 목숨을 연명하던 사람이다. 그는 나면서부터 걷지 못했다. 그런데 베드로와 요한이 예수 그리스도의 이름으로 그를 일으켜 걷게 했다. 그러자 그가 일어나 뛰고 걸으며 하나님을 찬송했다. 이 기적은 유대인의 기도 시간에 성전에서 일어난 일이기 때문에 많은 사람이 목격했고, 그들이 삽시간에 베드로와 요한의 주위로 몰려들었다. 이때 베드로가 한 첫마디는, "왜 우리를 주목하느냐"이다(행 3:12). 왜 우리의 권능, 우리의 경건을 주목하느냐는 것이다. 사람을 주목하지 말라는 것이다. 하나님을 주목하고, 예수님을 주목하라는 말이다.

수많은 전쟁을 치르고 수많은 위협을 당했던 다윗의 고백도 이와 같다. 블레셋, 아말렉, 모압과 싸울 때 다른 곳에 신경 쓰지 않고 오직 하나님만 바란다고 한다. 사울과 압살롬에게 쫓길 때도 하나님만 바란다고 한다.

"나의 영혼이 잠잠히 하나님만 바람이여 나의 구원이 그에게서 나오는도다 오직 그만이 나의 반석이시요 나의 구원이시요 나의 요새이시니 내가 크게 흔들리지 아니하리로다"(시 62:1-2).

물론 다윗에게도 이것이 쉬운 일은 아니었다. 그래서 5절에서는 자기의 영혼에게 명령한다. 하나님만 주목하며 기다리라고 명령한다. 일종의 자기 격려다.

"나의 영혼아 잠잠히 하나님만 바라라 무릇 나의 소망이 그로부터 나오는도다"(시 62:5).

다윗 시대의 악장이었던 여두둔은 다윗의 이 고백에 곡조를 붙였고, 이스라엘은 대대로 이 노래를 부르며 하나님을 예배했다. 어떤 어려움 속에서도 하나님만을 바라겠다고 노래했다. 심지어 하나님을 바라는 것이 어려울 때는 자기 영혼에게 명령했다. 오롯이 하나님만을 소망하도록 스스로를 훈련했다. 당신은 하나님께 어떤 노래를 부르겠는가? 만약 노래를 부르는 것이 힘들다면, 당신의 영혼에게 무엇을 명령하겠는가?

피겨 스케이터 김연아 선수가 얼음 위에서 여러 번 회전하며 멋진 퍼포먼스를 선보일 때, 관객은 그녀의 아름다운 연기에 매료된다. 그런데 여러 번 회전을 해도 넘어지지 않는 비결을 아는가? 우리는 한두 번만 돌아도 어지러워 쓰러지는데, 그녀는 어떻게 넘어지지 않을 수 있을까? 이것은 발레도 마찬가지다. 차이콥스키(Pyotr Il'yich Tchaikovsky)의 〈백조의 호수〉(Swan Lake)에서 발레리나는 32회전 푸에테(fouettée)를 해야 한다고 한다. 피겨 스케이터나 발레리나는 어떻게 넘어지지 않고 잘 돌 수 있을까?[3]

한곳에 주목하기 때문이다. 관객 중의 한 사람이나 허공의 한 지점 등 한곳에 초점을 맞추고 자신의 시선을 거기에 집중하는 것이다. 이렇게 한곳을 주목하며 회전하는 연습을 반복하다 보면 마침내 실전에서 넘어지지 않고 아름다운 연기를 펼칠 수 있게 되는 것이다.

신앙의 원리도 이와 비슷하다. 사복음서의 빈 무덤 사건이 우리에게 이것을 말하고 있다. 당신은 누구를 주목하는가? 하나님을 주목하고, 예수님을 주목하라. 물론 단번에 쉽게 되지 않는다. 처음에는 주목하는 것이 쉽지 않을 것이다. 시선이 흐트러지고, 어지럽고, 넘어질 것이다. 그래서 자꾸 하나님/예수

님께 집중하는 연습을 해야 한다. 그러면 마침내 우리도 하나
님/예수님을 주목하며 아름다운 신앙생활을 할 수 있을 것이
다. 김연아 선수의 퍼포먼스처럼, 발레리나의 32회전 푸에테
처럼 내 중심을 잃지 않고 사람들에게 감동을 줄 수 있을 것
이다. 그래서 마침내 그들을 우리가 주목하는 하나님/예수님
께로 이끌 수 있을 것이다.

머리말_ 왜 부활인가? 왜 빈 무덤인가?

1. 이 책들의 원서는 다음과 같다. Nicholas Thomas Wright, *The Resurrection of the Son of God* (Minneapolis: Fortress Press, 2003); Timothy Keller, *Hope in Times of Fear: The Resurrection and the Meaning of Easter* (New York: Penguin, 2021).

2. 폴 비슬리 머레이(Paul Beasley-Murray)는 비교적 사복음서의 빈 무덤 사건을 체계적으로 다루며 그 신앙적 의미를 잘 설명해 놓았다. 물론 사복음서뿐만 아니라, 바울 서신이나 다른 신약성경에 나오는 부활의 주제를 포괄적으로 다루었다. 다만, 본문 해석과 적용에만 치우친 나머지 빈 무덤 사건의 성경신학적 의미라든지, 각 복음서 주제와 빈 무덤 사건이 어떻게 연결되는지에 대해서는 전혀 언급이 없다. 폴 비슬리 머레이, 《부활》(서울: IVP, 2004).

3. 권해생, 《십자가 새롭게 읽기》(서울: 두란노, 2021).

4. 일반적으로 이렇게 회자되고 있으나, 사실 《팡세》 원문에는 다음과 같이 되어 있다. "그렇다면 이런 욕망과 무력함은 한때는 인간 안에 참된 행복이 있었지만, 지금은 단지 공허한 표지나 자취만 남아 있다는 것 외에 무엇을 선포하고 있는가? 이러한 공허함을 인간은 자기 주위의 모든 것들로 채우려 한다. 그러나 부재한 것이든 현존하는 것이든 자기 주위의 그 어떤 것도 도움이 되지 못한다. 왜냐하면 무한한 심연은 오직 무한하며 불변하는 대상, 즉 하나님으로만 채워질 수 있다." 블레즈 파스칼, 《팡세》(Pensées)(서울: 크리스천다이제스트, 1993), 154.

5. 일상에서의 부활 신앙을 강조하는 책에는 다음과 같은 것이 있다. 유진 피터슨(Eugene H. Peterson), 《일상, 부활을 살다》(서울: 복있는사람, 2015); 김기석, 《죽음을 넘어 부활을 살다》(서울: 두란노, 2018). 다만, 《일상, 부활을 살다》는 본문 묵상과 적용에 초점을 두고 있으며, 《죽음을 넘

어 부활을 살다》는 설교 모음집이다. 이와 달리, 본서는 성경신학적 해석에 따라 부활의 의미를 이해하고 그 의미를 일상에 적용해 보려는 시도다.

프롤로그_ 부활은 사실일까?

1. 헨리 나우웬, 《죽음, 가장 큰 선물》(서울: 홍성사, 2014), 40-41.
2. 더그 파웰, 《빠른 검색 기독교 변증》(서울: 부흥과개혁사, 2007), 292-315. 파웰은 졸도설, 쌍둥이설, 시신 절취설, 환각설, 무덤 착오설, 외계인설, 날조설 등 다양한 주장을 정리해 놓았다. 여기서는 이 중 몇 개만을 소개하겠다.
3. 부활에 대한 다섯 가지 변증 카테고리는 다음의 설교를 기초로 했음을 밝힌다. 2020. 4. 12. 서울영동교회 정현구 목사 주일 설교 중 "부활 신앙과 하나님 나라".
4. 리 스트로벨, 《예수 사건》(서울: 두란노, 2000), 302.
5. 위의 책, 43.
6. David Peterson, *The Acts of the Apostles* (Grand Rapids: Wm. B. Eerdmans Publishing, 2009), 298.
7. Gordon D. Fee, *The First Epistle to the Corinthians* (Grand Rapids: Wm. B. Eerdmans Publishing, 2014), 771.
8. 리 스트로벨, 앞의 책, 278; 팀 켈러, 《부활을 입다》, 44.
9. 사도행전에는 베드로와 바울이 복음을 전하면서 언급하는 빈 무덤에 관한 두 개의 표현이 나온다. 베드로는 다윗의 무덤을 언급하면서 예수님을 사망에 매여 있을 수 없는 분으로 묘사한다(행 2:24, 29). 바울도 비시디아 안디옥에서 설교할 때, 예수님이 죽어 무덤에 있었으나 하나님께서 그를 살리셨다고 말한다(행 13:29-30). 따라서 예수님의 빈 무덤은 사도들이 부활의 복음을 전할 때 주요 근거가 되었다는 것을 알 수 있다. 리 스트로벨, 《예수 사건》, 290-91.
10. 톰 라이트, 《마침내 드러난 하나님 나라》(서울: IVP, 2020), 121.

11. David E. Garland, *1 Corinthians* (Grand Rapids: Baker Academic, 2003), 747.

12. Paul D. Gardner, *First Corinthians* (Grand Rapids: Zondervan, 2018), 731.

13. Fee, *The First Epistle to the Corinthians*, 807.

14. Roy E. Ciampa and Brian S. Rosner, *The First Letter to the Corinthians* (Grand Rapids: Wm. B. Eerdmans Publishing, 2010), 838-39.

15. 2018. 9. 16. 분당우리교회 이찬수 목사 주일 설교, "빼앗긴 들에도 봄은 오는가"에 이 영화가 예화로 나온다.

1장_ 마태복음 빈 무덤 사건

1. 2022. 5. 10. 잠실중앙교회 최정훈 목사의 설교에 이 경험담이 나온다.

2. 임마누엘과 마태복음의 관계에 대해서는 필자의 앞선 책, 《십자가 새롭게 읽기》, 36-40을 참고하라.

3. Michael J. Wilkins, *Matthew* (Grand Rapids: Zondervan, 2004), 905.

4. W. D. Davies and Dale C. Allison Jr, *Matthew* 19-28, vol 3 (Edinburgh: T&T Clark, 1997), 636.

5. R. T. France, The Gospel of *Matthew* (Grand Rapids: Wm. B. Eerdmans Publishing, 2007), 1083; Wilkins, Matthew, 907.

6. 놀란드는 그의 누가복음 주석에서 성전 휘장이 찢어지는 것에 대해 열한 개의 해석 가능성을 제시한다. John Nolland, *Luke* 18:35-24:53 (Grand Rapids: Zondervan Academic, 2018), 1, 157. 그러나 그의 마태복음 주석에서는 그중에 세 가지 해석으로 압축한 후, 마지막으로 두 가지 방안을 제시한다. Nolland, *The Gospel of Matthews* (Grand Rapids: Eerdmans, 2005), 1,211-12. 다른 한편, 프란스(R. T. France)는 다섯 가지 주장을 소개한다. (1) 건물 성전과 옛 제사 시스템에 대한 하나님의 불필요 표시, (2) 예수님이 예언하신 성전 파괴 표시, (3) 예수님의 죽

음이나 성전 파괴에 대한 슬픔을 상징, (4) 하나님의 존전으로 들어가는 길이 열렸다는 표시, (5) 예수님의 죽음을 통해 하나님의 계시가 내려왔다는 묵시적 상징. France, *The Gospel of Matthew*, 1080.

7. 여기에 대한 자세한 논의는 다음을 참조하라. 강대훈, "마태의 수난 기사에 나타난 성전의 하늘 상징성", 《신약연구》 12/1(2013), 7-27.

8. 마가복음은 성전 휘장이 찢어지는 것과 하늘이 열리는 것을 좀 더 밀접하게 연결시킨다. 세례 받으신 예수님이 물에서 올라올 때 하늘이 열리는데, 이때 사용된 헬라어 '스키조'가 성전 휘장의 찢어짐에 그대로 사용된다(막 1:10, 15:38). 하늘이 열리고 하나님의 성령이 지상에 계신 예수님께 내려오는 것을 표현하기 위해 '스키조'가 사용된다. 마찬가지로 성전 휘장이 찢어질 때 사용된 '스키조'는 십자가를 통해 하늘이 열리고 하나님의 임재가 본격적으로 땅 위에 역사하는 것을 나타낼 수 있다. 히브리서는 예수님의 죽음이 우리가 하나님께 가는 길을 연 것으로 해석한다(히 10:19-20). 그런데 마가복음은 예수님의 죽음이 하나님께서 우리에게 오시는 길을 열었다고 본다. 물론 마태복음은 하늘이 열리는 것을 나타내기 위해 '스키조'가 아니라 '아노이고'를 사용한다(마 3:16). 따라서 마가복음처럼 수미상관 구조를 통해서 하나님의 임재를 나타내려고 한 것 같지는 않다. 그럼에도 불구하고 성전 휘장의 찢어짐 이후에 벌어진 현상들은 하늘의 하나님께서 이 땅에 내려오신 임마누엘을 나타내기에 충분하다.

9. John W. Wenham, "When Were the Saints Raised? A Note on the Punctuation of Matthew xxvii. 51-53," *The Journal of Theological Studies* 32 (1981): 150-52.

10. Grant R. Osborne, *Matthew* (Grand Rapids: Zondervan Academic, 2010), 1,046.

11. Brian Carrier, *Earthquakes and Eschatology in the Gospel According to Matthew* (Tübingen: Mohr Siebeck, 2020), 187-88.

12. Wilkins, *Matthew*, 939; Donald A. Hagner, *Matthew* 14-28 (Dallas: Word Books, 1995), 870; Craig L. Blomberg, *Matthew* (Louisville: B&H Publishing Group, 1992), 427.

2장_ 마가복음 빈 무덤 사건

1. 변종길, 《신약 총론》(대구: 말씀사, 2019), 167. 초대 교회 교부인 알렉산드리아의 클레멘트의 언급은 유세비우스의 《교회사》에 실려 있다.

2. 위의 책, 165.

3. Joachim Jeremias, *New Testament Theology* (London: SCM, 1971), 9-14. 예레미야스와 같은 의견을 가진 한국 학자의 주장은 다음을 참고하라. 장동수, "신적 수동태 구절 소고", 〈성경원문연구〉 제7호(2000), 117-48.

4. D. B. Wallace, *Greek Grammar beyond the Basics: An Exegetical Syntax of the New Testament* (Grand Rapids: Zondervan, 1996), 438.

5. Stein, *Mark*, 730.

6. Mark L. Strauss, *Mark* (Grand Rapids: Zondervan Academic, 2014), 718.

7. James A. Brooks, *Mark* (Nashville: B&H Publishing Group, 1991), 270-71; James R. Edwards, *The Gospel according to Mark* (Grand Rapids: Wm. B. Eerdmans Publishing, 2002), 494; Eckhard J. Schnabel, *Mark* (Louisville: Downers Grove, 2017), 437; R. H. Gundry, *Mark 9-16* (Grand Rapids: Wm. B. Eerdmans Publishing, 2000), 991-92; M. Eugene Boring, *Mark* (Louisville: Westminster John Knox, 2006), 445.

8. R. T. France, *The Gospel of Mark*, NIGTC (Grand Rapids: Wm. B. Eerdmans Publishing, 2002), 680; Robert H. Stein, *Mark* (Grand

Rapids: Baker Academic, 2008), 731.

9. 엄밀히 말해 9장 31절과 10장 34절은 헬라어 '중간태'인데, 그러나 이것
도 사실 능동형의 의미를 가진다.

10. France, *The Gospel of Matthew*, 633.

11. 최근에 대한성서공회에서 출간한 《새한글성경》(2021)이 "그분은 일
으킴 받아 살아나셨어요!"(막 16:6)라고 번역한 것이 인상적이다. 능
동과 수동의 의미를 함께 묶어 예수님의 부활, 즉 '에게이로'의 수동형
을 번역한다.

12. 변종길, 《로마서》(서울: 대한예수교장로회 총회출판국, 2014), 34.

13. 권해생, 《요한복음》, 532-35.

14. 리 스트로벨, 《예수 사건》, 288.

15. Edwards, *Mark*, 492.

16. 마가복음 8:32 - "드러내 놓고 이 말씀을 하시니 베드로가 예수를 붙
들고 항변하매." 베드로가 얼마나 강하게 예수님을 만류했는지는 '항
변하다'라는 동사를 보면 알 수 있다, '항변하다'로 번역된 헬라어 '에피
티마오'에는 기본적으로 '꾸짖다'라는 뜻이 있다(막 1:25, 4:39 참조).

3장_ 누가복음 빈 무덤 사건

1. 로드니 스타크, 《기독교의 발흥》(서울: 좋은씨앗, 2016).

2. 래리 허타도, 《처음으로 기독교인이라 불렸던 사람들》(서울: 이와우,
2017), 133-84.

3. 누가복음은 여인들에게 '두 사람'이 나타났다고 하나(눅 24:4), 다른 복음
서에 비춰봤을 때 이는 사람의 모습으로 나타난 천사일 것이다(마 28:2;
요 20:12). 한편, 마태복음과 마가복음은 한 명의 천사를 말하고, 누가
복음과 요한복음은 천사가 둘이라 한다. 그러나 이것이 복음서들의 오
류를 뜻하지는 않는다. 기자에 따라 한 명의 천사에게만 집중할 수도 있
고, 아니면 있는 그대로 둘이라 말할 수 있기 때문이다.

4. 물론 우리말로 '말씀'이라 번역되었지만 헬라어가 다 일치하는 것은 아니다. 그럼에도 불구하고 그 의미는 크게 다르지 않기 때문에 누가복음의 말씀 강조라는 주제에서 벗어나지 않는다.

5. Joel B. Green, *The Gospel of Luke* (Grand Rapids: Wm. B. Eerdmans Publishing, 1997), 232; Darrell L. Bock, *Luke* 1:1-9:50 (Grand Rapids: Baker Books, 1996), 456.

6. Green, *The Gospel of Luke*, 432.

7. Darrell L. Bock, *Luke: 9:51-24:53* (Baker Publishing Group, 1994), 1038.

8. Stein, *Luke*, 45-46.

9. Green, *The Gospel of Luke*, 831.

10. 보크(Darrell L. Bock)에 따르면, 요셉과 마리아는 율법이 요구한 것 이상으로 지킨다. 첫 아들을 하나님께 바치기 위해 은 다섯 세겔을 내려면, 굳이 아들을 데리고 오지 않아도 되었다. Darrell L. Bock, *Luke 1:1-9:50*, 235.

11. 개역개정 성경은 '교제'라 번역하는데, 헬라어 '코이노니아'는 물질을 나누는 의미도 있다(롬 15:26; 히 13:16 참조). 이어지는 문맥은 물질을 나누며 서로의 필요를 채워 주는 교제의 의미를 강조하는 듯 보인다(행 2:44-45). 그럼에도 불구하고 물질 나눔을 비롯해서 식사와 기도를 통한 모든 교제를 다 포함한다고 할 수 있을 것이다. Frederick Fyvie Bruce, *The Acts of the Apostles: The Greek Text with Introduction and Commentary* (Grand Rapids: Wm. B. Eerdmans Publishing, 1990), 131-32; Darrell L. Bock, *Acts* (Grand Rapids: Baker Academic, 2007), 150.

12. Peterson, *The Acts of the Apostles*, 164.

13. 김영재, 《한국교회사》(수원: 합신대학원출판부, 2009), 80-84; 이원식, 《그리스도의 길이 되다》(서울: 두란노, 2018), 17-18.

14. https://www.christiantoday.co.kr/news/155690.

15. 최진기, 《최진기의 끝내주는 전쟁사 특강 1》(서울: 휴먼큐브, 2014), 17.

4장_ 〈보충 설명〉 빈 무덤과 갈릴리

1. 프랭크 J. 메이트라, 《마가복음 신학》(서울: CLC, 2011), 74.

2. J. D. 킹스베리, 《마가의 세계》 (서울: CLC, 2003), 146.

3. Bock, *Luke 9:51-24:53*, 1692.

4. '레마'와 '로고스'가 사용되었으나, 그 뜻을 구분할 필요는 없다. 대다수
의 신약 본문에서 두 단어는 서로 바꿔 가며 쓰인다. Thomas R. Sch-
reiner, *1, 2 Peter, Jude,* NAC (Nashville: B&H Publishing Group,
2003), 97.

5. 예를 들면, 구약에는 다음과 같은 설명이 있다. "이스라엘 왕 베가 때에
앗수르 왕 디글랏 빌레셀이 와서 이욘과 아벨벳 마아가와 야노아와 게
데스와 하솔과 길르앗과 갈릴리와 납달리 온 땅을 점령하고 그 백성을
사로잡아 앗수르로 옮겼더라"(왕하 15:29).

6. Blomberg, *Matthew,* 88.

7. France, *The Gospel of Matthew,* 37.

8. Nolland, *The Gospel of Matthew,* 74.

5장_ 요한복음 빈 무덤 사건

1. 2022. 5. 22. 남가주 동신교회 백정우 목사 주일설교, "이런 성도가 됩시다"
(시 23:1-6)에 이 영화가 예화로 나온다.

2. 권해생, "요한복음의 새 창조 모티프: 표적, 십자가와 부활, 성전", 〈신약
연구〉 16/4 (2017), 135-75.

3. 여기에 나오는 '동산'과 '엠퓌사오'는 이미 필자의 다른 글에서 새 창조
를 위해 설명되었다. 따라서 반복되는 표현과 설명임을 밝힌다. 권해생,
《십자가 새롭게 읽기》, 130-32.

4. 이순원, "좋은 열매는 천천히 피는 꽃에서 맺히는 거란다", 《내 삶을 바꾼 칭찬 한마디》, 김홍신 외 30인 지음(서울: 21세기북스, 2004), 9-17.

5. 위의 책, 13.

에필로그_ 왜 우리를 주목하느냐

1. 버트런드 러셀, 《나는 왜 기독교인이 아닌가》(서울: 사회평론, 2016), 40.

2. 유발 하라리, 《사피엔스》(서울: 김영사, 2015); 유발 하라리, 《호모 데우스》(서울: 김영사, 2017).

3. 이찬수, 《오늘을 견뎌라》(서울: 규장, 2014), 8-9.